le 21/10/13

Pour Julia

LE PARLOIR

C'est un endroit particulier,
ni tout à fait à l'extérieur,
ni tout à fait à l'intérieur
de la prison.
Un endroit où les silences
sont parfois plus forts que
les mots.

Gros Bisous

Zarnoiduk

ÉRIC SANVOISIN

LE PARLOIR

GRÜNDromans

ISBN : 978-2-324-00159-8
Dépôt légal : mars 2012

Ouvrage publié sous la direction de Xavier Décousus
Conception couverture : Olo.Éditions
Maquette intérieure : Jérôme Faucheux

Éditions Gründ
60, rue Mazarine
75006 Paris – France
Tél. 01 53 10 36 00
Fax 01 43 29 49 86
Internet : www.grund.fr

Loi n° 49-956 du 16 juillet 1949 sur les publications destinées à la jeunesse.

Pour Pascale,
sans qui rien ne serait…

1

Maison d'arrêt Vendredi 31 octobre, 9 h 30

— 7 216…, parloir dans deux heures !

Le surveillant referme la porte de la cellule.

Yan vient d'avoir dix-huit ans. Il est incarcéré depuis une semaine. Et depuis une semaine, il n'a pas prononcé un mot. Il attend. Il attend que le temps passe. Mais le temps ne passe pas.

2
Le couloir des parloirs

Le couloir des parloirs compte une quinzaine de cabines identiques. Une porte du côté des détenus, une autre du côté des familles. À l'intérieur, un tabouret, une sorte de comptoir, un autre tabouret. Pendant les visites, les deux portes restent ouvertes. Rien n'échappe aux surveillants. Ils voient. Ils entendent.

Si l'administration pénitentiaire redoute un incident ou si le détenu est sous le coup d'une sanction disciplinaire, la rencontre se déroule dans une cabine spéciale, séparée en deux par un Hygiaphone.

Dans un parloir, on se regarde toujours avant de se parler. Les silences y sont souvent plus forts que les mots…

3

Maison d'arrêt Vendredi 31 octobre, 11 h 15

Un surveillant est venu chercher Yan dans sa cellule. Le jeune homme l'a suivi comme à regret.

Ils ont emprunté un escalier métallique bruyant pour descendre au premier étage, puis au rez-de-chaussée.

Il a fallu patienter devant plusieurs grilles avant qu'un gardien, muni d'un lourd trousseau de clefs, daigne ouvrir.

— 7 216, cabine 12 !

Yan traîne des pieds. La propreté de ses affaires est douteuse. Il ne s'est pas changé depuis sa mise sous écrou.

Il hésite sur le seuil de la porte. Mais il est trop tard pour reculer. La visiteuse l'a vu. Il franchit précipitamment le dernier mètre qui le sépare du comptoir et pose ses fesses sur le tabouret en plastique orange. Il est nerveux, regarde ses pieds.

— Comme je suis contente de te voir ! commence la femme.

Les mots s'étranglent dans sa gorge. Elle tousse, essuie ses yeux humides, avale sa salive et reprend :

— Ce que tu as pu me manquer. C'est comme si tu étais parti pour un long voyage, sans prévenir…

Yan ne dit rien. Il observe ses doigts et ne les reconnaît pas.

— Cette séparation est horrible. S'il était encore là, ton père remuerait ciel et terre pour te sortir de cet endroit. Mais moi, je n'en ai pas la force.

Détaché de tout, Yan pose sur le monde un regard de myope. La prison n'est pas pire que ce qu'il pensait. Au contraire. Il se sent protégé, ici. C'est le monde du dehors qu'il craint.

La visiteuse l'observe, se retient de le prendre dans ses bras, y renonce finalement.

Qu'il est maigre ! Qu'il est sale ! Elle ne reconnaît pas son Yan.

— Je t'ai apporté des affaires propres. Tu te sentiras mieux quand tu auras pu te changer. J'ai voulu venir avant, mais le juge a tardé à répondre. Il paraît qu'il est débordé.

Elle songe qu'elle aussi est débordée. Sa vie a basculé depuis que Yan… Mais son fils n'est pas coupable. Il a été entraîné. Voilà tout.

Elle se bat pour rester debout. Digne.

— Est-ce que tu manges à ta faim ? Je te trouve maigre et pâle.

Yan ne répond pas. Il ne répond plus. La nourriture, il s'en fout. Tout ce qu'il avale n'a aucun goût. Il mange parce qu'il le faut, pour rester debout comme sa mère, digne. Mais au fond, il s'en fiche.

Il a sommeil. Il préférerait aller se coucher, dormir et ne plus se relever. Les morts ne font plus de conneries.

— Je n'ai pas le droit de t'apporter à manger, mais je vais te faire passer de l'argent, comme ça tu pourras acheter ce que tu veux pour améliorer l'ordinaire.

Yan a la nausée. Il se lève et se détourne sans regarder sa mère. Il fuit le parloir. Il fuit sa mère, le monde réel et la réalité sordide qui lui colle aux basques. Yan n'est plus là. Il retourne en cellule.

La visiteuse se lève. Le malheur écrase ses épaules. Elle se sent comme une vieille femme au bout de sa vie. Pourtant, elle n'a que quarante-huit ans. Et son fils dix-huit à peine.

— Cabine 12, parloir terminé !

4

Bon parloir ?

— Alors, bon parloir ? lui demande l'un de ses compagnons de cellule lorsque Yan réapparaît.

C'est un géant, plutôt gentil, à la peau noire, avec des mains larges comme des planches à découper la viande. Il se prénomme Abou. On le surnomme « le Roc ».

Yan grimpe sur son lit sans même un regard pour celui qui vient de lui adresser la parole. C'est quoi un bon parloir ? Ça existe ?

— Toujours aussi bavard, le nouveau ! Quand tu en auras marre de raser les murs, tu retrouveras ta langue.

Yan hausse les épaules. Il ne rase pas les murs. Il est un mur.

5

Une chambre « moins-trois-étoiles »

Deux mètres cinquante de large sur quatre mètres soixante-dix de long. Soit un tout petit douze mètres carrés. La cellule est prévue pour deux mais, comme souvent, ils sont trois à l'occuper. Parfois, quatre.

Juste après l'entrée, sur la droite, se trouve le coin hygiène. Un W.-C. et un lavabo. Le bouton-poussoir ne dispense que de l'eau froide. À gauche du lavabo, trois courtes étagères sur lesquelles sont entassés des produits d'entretien et d'hygiène corporelle.

Plus loin, deux lits superposés à gauche, deux autres à droite. Ils sont en métal, mesurent quatre-vingts centimètres de large et sont équipés d'un matelas et d'un oreiller en mousse.

Au fond, une fenêtre de taille modeste découpe le mur et laisse entrer un peu de grisaille. Elle est équipée de barreaux et s'ouvre en coulissant.

Sous la fenêtre, deux petites tables munies chacune d'une chaise. De part et d'autre, quatre armoires en forme de colonne de soixante centimètres de large sur un mètre cinquante de haut, réparties par paires. C'est là que les détenus rangent leurs trésors…

Et, comble du luxe, une télé fixée au mur (louée quarante-deux euros par mois) et un frigo minuscule (loué neuf euros cinquante par mois).

Moins trois étoiles au guide. Ambiance électrique garantie. Cohabitation sur le fil du rasoir.

Pension complète, pas chère. Bienvenue en taule.

6

Maison d'arrêt Lundi 3 novembre, 10 h 30

— 7 216, cabine 3 !

Un avocat ! Yan n'en voulait pas. On lui en a désigné un d'office.

Ici, les tabourets sont jaunes. Comme les murs. Moches.

— Bonjour, Yan. Vous permettez que je vous appelle Yan ?

Yan ne donne ni accord ni désaccord. L'avocat, très jeune, vingt-cinq ans peut-être, ne se laisse pas démonter et embraye sur les présentations.

— Je m'appelle Pierre Boulanger. Je suis votre avocat commis d'office.

Yan ne bronche pas.

— Je sais ce que vous pensez. Vous trouvez sans doute que je fais très jeune et que j'ai peu d'expérience. Mais vous vous trompez. Cela fait maintenant deux ans que je suis avocat. Et j'en ai déjà vu des vertes et des pas mûres, croyez-moi. Je suis un enragé, vous savez. Je ne lâche rien. J'ai pris connaissance de votre dossier. Je ne vous cacherai pas qu'il y a du bon et du moins bon. Mais pas de quoi s'affoler. Votre situation est loin d'être désespérée. Est-ce que vous me faites confiance ?

Yan ne se prononce pas. Il ne fait confiance à personne, même pas à lui-même. Sa vie s'est arrêtée il y a un peu plus d'une semaine. Ce n'est pas un avocat, même plein de bonne volonté, qui va la remettre sur les rails.

— Si vous ne parlez pas, je vais avoir du mal à vous défendre.

L'avocat scrute le visage de son client qui reste impassible. Il est un peu dérouté par son attitude et tente de le cacher.

— Bon, je vous laisse réfléchir. Je reviendrai dans deux ou trois jours. D'ici là, portez-vous bien. La prison, ce n'est pas très drôle…

Yan se lève et, négligeant la main que lui tend maître Boulanger, s'éclipse. Ce dernier reste un long moment immobile, l'avant-bras à l'horizontale, les yeux écarquillés.

7
Écrire

Ne pas parler ne dérange pas Yan. Au contraire. C'est presque confortable, étant donné les circonstances.

Cependant, Yan aimerait bien écrire. Sur tout, sur rien, sur les événements… Il a tellement de choses à dire. Un bout de crayon et un peu de papier lui feraient le plus grand bien. Mais comment protéger ses écrits ? En prison, les vols sont monnaie courante. Ses textes risquent de tomber entre les mains d'un détenu ou de l'administration pénitentiaire.

Alors non, il ne peut pas écrire.

Il rumine, en silence, et la feuille reste blanche.

8

Maison d'arrêt Mercredi 5 novembre, 15 h 30

— Yan F., cabine 8 !

Le cœur de Yan bat très fort. Elle est là devant lui, toujours aussi belle. Il aimerait la toucher mais il ne le peut pas. Le simple fait de la voir lui brûle les yeux.

Depuis le début, il redoute ces retrouvailles. Plus rien ne sera jamais comme avant. Lui, enfermé. Elle, dehors. Quelque chose s'est brisé. Il ne pourra plus jamais la prendre par la main, lui parler à l'oreille, l'embrasser dans le cou.

Elle est là, pourtant. Déborah. Sa petite amie depuis bientôt un an. Assise devant lui, immobile, raide. Elle le regarde avec des yeux bizarres qui viennent sans doute de pleurer. Yan a l'impression cruelle qu'elle ne le voit pas, que son regard passe à travers son corps comme s'il était un fantôme.

C'est une torture pour lui. Il aimerait lui parler. Non, trop difficile. Elle lui en veut peut-être…

Bien sûr qu'elle lui en veut et elle a mille fois raison. Yan a ravagé sa vie. Il n'y a plus rien à dire.

Soudain, elle semble revenir à elle. Elle s'ébroue, comme pour se réveiller d'un trop long sommeil. Et elle le voit enfin. Pas l'ombre d'un sourire ne flotte sur son visage marqué par le chagrin.

— Tu es bien installé, j'espère…

Il aimerait lui répondre, lui dire qu'il rêve d'elle toutes les nuits, qu'il ne pense qu'à elle. Lui dire aussi comme tout est gris ici, nul et moche.

— Parce que tu vas y passer un sacré bout de temps, c'est moi qui te le dis. Tu as tout intérêt à te faire un nid douillet et confortable.

Les mots de Déborah le mettent K.-O. Elle le déteste. Il accuse le coup en baissant la tête. Il est seul, tout seul.

— Tu me manques, Yan. Tu me manques terriblement. J'ai envie de te serrer dans mes bras, mais je ne peux pas. C'est pas possible. Pas après ce qui s'est passé.

Elle l'aime encore ! C'est sûr. Yan veut y croire. Il a besoin d'y croire. Elle l'aimera toujours…

— La nuit, je rêve que je t'arrache les yeux. Tu ne peux pas imaginer comme ça me fait du bien. J'ai envie de te faire du mal, tu comprends ? Tu m'en as fait beaucoup, toi. Tu n'avais pas le droit. J'avais confiance en toi.

C'est la douche froide. Yan ne sait plus ce qu'il doit penser. À quoi peut-il se raccrocher ? Déborah sourit maintenant, mais son regard reste glacial.

— Je te laisse à ta nouvelle vie, Yan. Il y a du monde autour de toi. Moi, je n'ai plus personne. Mon père était toute ma vie. J'espère que tu ne sortiras jamais d'ici.

Elle quitte son tabouret. S'il le pouvait, il lui dirait combien il regrette, combien il aimerait tout effacer et tout recommencer.

— Je reviendrai te voir pour te raconter ma descente aux enfers. Finalement tu es bien, là. La prison, c'est comme un cocon. Je t'envie. Moi, je suis dans la tourmente…

Et voilà, elle est partie. Et Yan ne lui a rien dit.

Soudain, il prend son élan. Sa tête heurte le mur. Ça fait un bruit de noix de coco fendue. Il s'effondre.

9

La tête contre les murs…

L'infirmière est petite et maigre. Ses gestes sont doux. Son sourire aussi.

— Vous avez sans doute voulu savoir ce que signifiait l'expression : se taper la tête contre les murs. Eh bien maintenant, vous savez. Ça fait mal et c'est dangereux. La prochaine fois, allez à la bibliothèque. Il y a des dictionnaires…

Yan ne sourit pas. L'humour pince-sans-rire de l'infirmière ne l'amuse pas. Elle essaie simplement d'établir le contact avec lui. Mais c'est impossible. Elle ne le sait pas encore.

Dans un mouvement rotatif de la main, elle applique sur son front violacé une pommade grasse. C'est un peu douloureux mais, au fond, plutôt agréable.

— N'essayez plus de traverser les murs. Vous n'êtes pas le passe-muraille.

Yan se remémore un vieux film avec Bourvil, qu'il a vu au ciné-club. En noir et blanc. L'histoire d'un homme qu'aucune paroi n'arrête. Mais Yan n'a pas envie de s'évader. Personne ne l'attend dehors. Il ne manque à personne, à part à sa mère peut-être et à sa sœur. Quant à Déborah… Non, Déborah, c'est fini. Elle a tiré un trait sur lui.

— Vous ne parlez à personne, n'est-ce pas ? Ce n'est pas une solution. Au contraire. La prochaine fois, vous ne vous raterez peut-être pas. Seulement, personne ne vous comprendra. On dit que les murs ont des oreilles, mais c'est faux. Ils ne vous écoutent pas. C'est aux gens qu'il faut s'adresser. Aux gens…

L'infirmière l'observe avec compassion. Yan détourne le regard. Elle ne comprend pas. Ses lèvres à lui sont collées. Il n'a pas choisi de se taire. Le silence s'est imposé à lui.

— Vous pouvez retourner dans votre cellule. Je vais appeler le surveillant.

Elle se lève, aussitôt imitée par Yan. Il aimerait la remercier, même si ce qu'elle a fait pour lui n'a rien d'extraordinaire. Alors, au moment de quitter l'infirmerie, il lui offre l'ombre d'un sourire.

Elle le regarde s'éloigner dans le couloir. Longuement.

— Voilà un jeune homme bien mal en point.

Puis elle referme la porte.

10

Cauchemar à tous les étages

Quand il regagne sa cellule, son deuxième codétenu l'examine de la tête aux pieds et lui demande :

— T'as glissé sur une peau de banane ?

Yan se laisse tomber sur son lit, s'enroule dans sa couverture et ferme les yeux. Il veut qu'on lui fiche la paix.

— Je t'ai causé, le nouveau !

Celui-là n'est pas comme Abou, le Roc. Petit, fluet, nerveux, méchant. Yan a tout de suite vu la différence. Il lui a suffi d'un regard. Serge, surnommé « le Fouineur ». Un gars avec des yeux dans les coins, toujours en mouvement. Un gars qui veut tout savoir et qui parvient souvent à ses fins. Yan ne l'aime pas. Il en a peur.

— Tu me manques de respect, là ! Quand on est bien élevé, on répond aux questions de ses amis.

Mais Yan n'est pas bien élevé. Et puis Serge n'est pas son ami.

— J'ai l'impression que tu ne piges rien à ce que je raconte !

Soudain, le Fouineur attrape Yan par le col et le fait dégringoler de son lit. La surprise est totale. Yan n'oppose aucune résistance. Il est tétanisé. La violence lui a toujours fait peur.

— Alors, tu vas l'ouvrir, ta gueule ?

Yan reste au sol. À quoi bon se relever ? Serge est énervé. Il ne s'en tiendra pas là.

— Tu sais ce qu'on fait aux petits morveux dans ton genre ?

Au même moment, la serrure de la porte claque comme un coup de feu. Abou apparaît, de retour de l'atelier, où il couvre des livres pour le compte de plusieurs bibliothèques des environs.

— Fiche-lui la paix, Serge. C'est encore un enfant. Si tu veux te mesurer à quelqu'un, je suis là. Pense à moi.

— Tu rigoles, le Roc ! On ne boxe pas vraiment dans la même catégorie.

— Tu as raison. Toi, tu es un dur, un vrai. Un méchant à l'état pur. Tu t'attaques toujours aux brebis en queue de troupeau. La détresse des autres t'excite, pas vrai ?

— On ne peut pas discuter avec toi. T'es comme un saint-bernard, tu défends tout le monde, même les assassins.

— Le petit n'est pas encore passé en jugement. Pour le moment, il est présumé innocent.

— De la merde, oui ! On sait tous à quoi s'en tenir avec ce petit con ! Il fera pas le même coup deux fois…

Abou s'approche du Fouineur. Il le dépasse d'une bonne tête.

— Tu ne le touches plus…

Serge hausse les épaules et monte le son de la télé. Il n'a pas dit son dernier mot, il le réserve pour plus tard.

Yan rampe jusqu'à son lit sans un regard pour ses codétenus. Il tremble de tous ses membres. Pour ne pas claquer des dents, il les referme sur la couverture et manque se mordre la langue. Les yeux grands ouverts, il ne cherche pas à dormir. Le sommeil est une denrée rare depuis qu'il est ici.

La télé braille. Un jour, Yan se le promet, il l'explosera…

11

Maison d'arrêt Lundi 10 novembre, 14 h 30

— 7 216, cabine 6 !

Yan appréhende cette rencontre. Elle lui fait pourtant plaisir, mais il a tellement honte.

La jeune femme qui l'attend sur son tabouret verdâtre lui ressemble beaucoup. Elle a les mêmes yeux bleu lagon, le même nez légèrement pointu, la même forme de visage. Ses cheveux, réunis en une longue natte aux reflets dorés, lui dessinent une sorte d'écharpe qui épouse la ligne de sa nuque, effleure son épaule droite et lui couvre un sein.

— Salut, petit frère.

Elle se décolle de son siège pour le serrer brièvement contre son cœur. Yan se laisse faire, ému. Il s'est toujours senti petit devant elle et la considère depuis longtemps comme sa seconde maman.

— Tu vois, tu n'as pas changé. Dès que j'ai le dos tourné, tu en profites pour faire des bêtises.

Quand Laure a quitté le domicile familial pour voler de ses propres ailes, Yan a cru que le monde s'écroulait autour de lui. Il s'est senti trahi. L'appartement est devenu une coque vide qu'il s'est mis à déserter pour traîner avec les copains jusque tard dans la nuit. Et puis le temps a passé. La douleur de son absence s'est peu à peu atténuée. Elle ne l'avait pas laissé tomber et venait souvent le voir, sans jamais s'attarder, car le courant ne passait plus entre Laure et sa mère.

— Mais là, tu n'y es pas allé avec le dos de la cuillère. Comment as-tu pu faire une chose pareille ? Toi que j'appelais mon ange…

Mon ange, mon démon, quelle différence ?

Yan a la gorge nouée. S'il y a quelqu'un à qui il aimerait se confier, c'est bien à sa grande sœur. Elle ne le jugerait pas comme les autres le font. Mais les mots ne viennent pas.

— Au début, je ne voulais pas venir te voir. On t'accuse d'un acte tellement… grave. Tu restes mon petit frère malgré tout. Je ne peux rien y faire. Alors je vais essayer de comprendre. Mais tu dois parler. Ton silence t'accuse. C'est le pire des avocats.

Yan ferme les yeux. Sa grande sœur a raison, mille fois raison.

— À propos d'avocat, je sais qu'on t'en a trouvé un et qu'il est venu te voir une fois. Comment est-il ? Que penses-tu de lui ?

Le silence qui succède aux questions de Laure est terrible. Encore plus pour Yan que pour sa sœur. On avait dit à celle-ci que son frère ne parlait plus depuis son arrestation mais elle n'avait pas voulu y croire. C'est ce qu'elle était venue vérifier lors de cette première visite.

— J'irai le voir. J'espère qu'on ne t'a pas attribué un charlot. Cependant, si tu ne lui dis rien, il aura du mal à te défendre. Lui, il doit savoir…

Yan ouvre la bouche. Il étouffe. Laure lui sourit avec tristesse. Elle a compris. Yan a subi un choc qui le prive de l'usage de la parole.

— Cabine 6 ! Fin du parloir !

Laure sursaute. Trente minutes viennent de s'écouler. Elle n'en a pas vu passer une seule. L'annonce fait à Yan l'effet d'un coup de poignard. Il garde les yeux fermés. Il ne veut pas bouger.

— Je t'aime, Yan. Pour moi, rien n'a changé. Tu es mon petit frère et je n'en ai qu'un.

Il entend Laure se lever. Du bout des doigts, elle effleure son front. Et puis elle n'est plus là. Alors c'est le vide.

12
La prison

Ce que Yan déteste le plus dans la prison, c'est la télé qui reste allumée du matin jusqu'à très tard dans la nuit. Ça fait un bruit de fond insupportable qui l'empêche de se concentrer sur quoi que ce soit. Même penser devient impossible.

Yan n'aime pas non plus la nourriture. Tous les plats sont servis avec une sauce liquide trop grasse ou trop claire. Les menus ne sont pas très variés. Yan mange peu, très peu.

Le silence n'existe pas ici. Il y a du bruit partout, à toute heure du jour et de la nuit. Des cris, des bruits de pas sur le béton, des semelles ferrées qui frappent les marches des escaliers métalliques, des chaussons qui traînent au bout de pieds désœuvrés, des bagarres, des plaisanteries grivoises, des menaces, des insultes, deux détenus qui s'interpellent, l'infirmière qui distribue les médicaments en poussant un petit chariot qui couine, un œilleton qui se soulève… Mille bruits, mille occasions de devenir fou.

Yan se bourre parfois les oreilles de papier pour ne plus entendre les grouillements de cette vie de cloporte. Mais il ne peut y échapper. Il entend. Il ne s'est pas encore crevé les tympans mais il y songe. C'est le seul moyen, la seule évasion possible.

Quand il est tout seul, il sanglote. Le bruit de ses larmes se mêle alors aux autres bruits. Il se fond dans la masse. Il n'existe plus.

Ce que Yan déteste le plus dans la prison, c'est tout…

13

Maison d'arrêt Vendredi 14 novembre, 15 h 00

— 7 216, cabine 9 !

Yan traîne des pieds vers la cabine que le surveillant vient de lui indiquer. Il n'a envie de voir personne. Et surtout pas son avocat. Yan n'a aucune intention de se défendre.

L'avocat est debout, main tendue. Yan s'assoit, le regard vide.

— Excusez-moi de vous avoir fait faux bond. Je vous avais promis de vous revoir en fin de semaine dernière, mais je suis tombé malade. Oh, trois fois rien. Une bonne grippe. Je n'étais pas beau à voir. Enfin bref, j'ai accumulé pas mal de retard. Je commence seulement à le résorber.

L'avocat parle très vite. Trop vite. Il n'est pas à l'aise. Son client semble l'effrayer. Ou bien il devine déjà que cette affaire est bien trop lourde pour ses fragiles épaules de débutant.

— Comment supportez-vous la vie en prison ? Ce doit être terrible. Moi, je ne pourrais pas m'y faire…

Yan aurait presque envie de sourire tellement cet avocat lui paraît pathétique. Le voilà rassuré. Il sera mal défendu…

— Excusez-moi. Je suis un peu à cran.

Yan trouve que son visiteur en fait un peu trop. Maladroit, certes. Mais con, faut pas pousser…

— Vous ne voulez pas savoir pourquoi je suis à cran ?

Yan lève les yeux au ciel, excédé. Son avocat est définitivement un abruti.

— J'ai une mauvaise nouvelle à vous annoncer. Votre dossier est devenu difficilement défendable.

Cette annonce laisse Yan de marbre. Son avocat est décontenancé. Il espérait le faire réagir…

— J'aimerais tellement entendre le son de votre voix. Je suis dans le brouillard et vous ne m'aidez pas. Je ne sais pas si je vais aller jusqu'au bout.

L'avocat se lève. Il est blême.

— On dirait que vous vous en fichez.

Yan se lève à son tour. Mais, au moment où il s'apprête à quitter la cabine, son avocat le retient par l'épaule et l'oblige à se retourner.

— Votre petite amie vient de modifier son témoignage. Il vous accable, désormais. Il faut que vous me donniez des éléments pour vous sauver sinon je ne pourrai rien faire. Vous risquez la perpétuité.

Yan accuse le coup et baisse la tête. Cependant, les mots tant attendus par son défenseur ne franchissent pas la barrière de ses dents.

— Je vous rappelle que nous nous reverrons demain chez la juge d'instruction. Nous y sommes convoqués pour dix heures.

Yan recule vers le couloir comme un automate. Il se sent vieux.

14

Les avocats, c'est comme les parents, on les choisit pas…

— Bon parloir ? l'interroge Abou, à son retour.

Yan se précipite sur sa couchette pour y cacher son visage défait et ses yeux humides.

— À voir la tête que tu tires, je crois pas, p'tit. On dirait que tu as vu le diable !

Yan aimerait être tout seul dans une cellule pour qu'on lui fiche la paix et qu'on arrête de lui poser les mêmes sempiternelles questions.

— C'est pas l'diable qu'il a vu ! ironise le Fouineur. C'est son putain d'avocat. Pas terrible, entre nous ! Même pas sorti des jupes de sa mère !

— Je t'ai pas sonné, le Fouineur, gronde le géant noir. Mêle-toi de tes affaires, pour une fois.

— C'était pour rendre service, le Roc. Juste pour rendre service. Moi, un avocat pareil, j'en voudrais pas, même s'il coûtait rien, même si on m'donnait d'la thune pour m'le coltiner. Merci bien.

Abou lui lance un regard menaçant. Serge hausse les épaules et vient coller sa face hilare à un mètre de la télé.

— Souvent, les avocats, c'est comme les parents, on les choisit pas, déclare Abou à l'adresse de Yan. Y en a des biens. Et puis y a des tocards. Ils lèvent le petit doigt pour prendre le pognon qu'on leur doit et puis basta, ils sont fatigués, ils ont fait leur journée. Si je connaissais la loi aussi bien qu'eux, je préférerais me défendre tout seul. Mais toi, p'tit, tu peux pas. Tu parles pas. T'es pas capable de te défendre tout seul. T'es comme un oisillon tombé du nid.

Le Fouineur s'esclaffe.

Yan s'en fout. Il n'écoute pas. Il n'est pas là. Si Déborah l'enfonce, c'est qu'elle ne l'aime plus. Et ça, Yan ne peut pas le supporter.

Elle a le droit de lui en vouloir, mais pas celui de le trahir. Après tout, il voulait la protéger...

La détresse de Yan est si profonde qu'Abou pourrait la palper. Mais il ne peut rien faire pour ce pauvre gosse, à part lui parler et lui épargner quelques petits désagréments.

— Un jour, p'tit, j'aimerais bien entendre le son de ta voix. Juste comme ça, pour mieux te connaître...

15
L'excursion

Sortir de prison, même entre deux gendarmes, c'est quelque chose ! Une bouffée d'air… Mais pas pour Yan. Il appréhende. L'extérieur lui fait peur, désormais.

Le surveillant vient le chercher vers neuf heures. Yan n'a rien pu avaler de consistant. Il a bu un truc chaud, un truc avec un arrière-goût de vase, c'est tout. Grimace. Dans sa bouche, l'amertume du breuvage, de la situation.

— Numéro d'écrou 7 216, suivez-moi !

Première étape : la fouille au corps. Un mauvais moment à passer qu'il faudra revivre au retour. Yan essaie de ne pas y penser. Voilà, il peut se rhabiller, c'est fini.

Deuxième étape : les menottes. Avant son incarcération, Yan n'en avait vu qu'en jouet. En plastique. Elles fermaient mal. Les ouvrir était un jeu d'enfant. Celles qui lui emprisonnent les poignets aujourd'hui sont en métal. Drôles de bracelets, froids et bruyants. Pas vraiment esthétiques.

On le fait monter dans une voiture de gendarmerie. Un gendarme à gauche, un gendarme à droite.

La porte de la maison d'arrêt s'ouvre lentement en coulissant sur un rail. Le véhicule démarre. La promenade commence.

Yan ferme les yeux. Il ne veut rien voir. Ça fait trop mal.

À l'arrivée, la descente de voiture s'effectue dans une ambiance beaucoup moins feutrée. Les portières claquent dans le crépitement des flashs. La presse était au courant, fidèle au rendez-vous. Yan se protège le visage avec ses mains menottées. Les flashs le brûlent. Ils n'ont pas le droit !

Accompagné par les gendarmes, Yan s'engouffre à l'intérieur du palais de justice par une porte dérobée. Le brouhaha, les questions des journalistes s'estompent.

On fait asseoir Yan sur un banc. La juge n'est pas prête ou elle n'en a pas encore fini avec son dernier client ou bien elle n'est pas encore arrivée. Yan n'en saura rien au bout du compte.

Quand la juge le reçoit enfin, avec vingt minutes de retard, c'est avec un simple « bonjour » et pas d'excuse.

— Asseyez-vous, monsieur F.

La magistrate fait signe aux gendarmes de lui enlever les menottes, puis de se reculer.

Autour du bureau, ils sont trois : Yan, la juge et le greffier, dissimulé derrière l'écran de son ordinateur. Yan n'entrevoit du personnage que la peau tendue de son crâne chauve et la pointe d'une moustache.

Une feuille à la main, un épais dossier posé devant elle, la juge prend la parole. Sa voix est ferme, son ton légèrement cassant.

— Votre avocat est très en retard. Nous ne l'attendrons pas.

Immobile sur sa chaise, Yan écoute et regarde. Il est la vedette du show.

— Je vous ai convoqué ce matin pour vous faire part de l'évolution de votre dossier. Mademoiselle Déborah Herdier qui…

L'avocat entre précipitamment et vient s'asseoir à côté de son client. Il est en nage, échevelé, confus.

— J'ai eu un problème pour faire garder mon fils. Il est malade. Vous savez ce que c'est, madame le juge ?

Aucune compassion, pas l'ombre d'un sourire d'indulgence chez la magistrate.

— On ne vous a pas appris à frapper avant d'entrer, maître Boulanger ?

— Pardonnez-moi, madame le juge, s'empresse de bafouiller le destinataire de la remontrance en rougissant comme un enfant pris en faute.

Pour se donner une contenance, il pose son cartable au pied de sa chaise, arrange sa bavette, défroisse sa robe noire et croise les bras.

— Je continue donc, monsieur F. mademoiselle Déborah Herdier est revenue sur son témoignage. Je vous rappelle que sa première déclaration laissait entendre que vous aviez agi sous le coup de la légitime défense. Cette version des faits ne tient plus désormais.

— Ne trouvez-vous pas bizarre, madame le juge, ce revirement brutal et complet ? l'interrompt l'avocat.

— Certes. Quand je l'ai interrogée à ce sujet, elle m'a dit avoir subi des pressions de la part de M. F.

— Quel genre de pressions ?

— Des menaces de mort.

Yan reste immobile et silencieux. Il entend les paroles de la magistrate mais c'est comme si elle s'exprimait dans une langue étrangère.

— Ce sont là de graves accusations, madame le juge.

— Elles n'arrangent pas les affaires de votre client. J'avoue que son dossier est bien mal engagé...

L'avocat accuse le coup mais contre-attaque aussitôt.

— Pouvez-vous préciser pour mon client les nouvelles déclarations de mademoiselle Herdier ? Il n'en connaît pas encore la teneur exacte.

— Naturellement. J'y venais avant que vous ne m'interrompiez.

La juge se tourne alors vers Yan en essayant vainement de capter son regard.

— Mademoiselle Herdier affirme que M. F. a prémédité le meurtre de son père. Elle a essayé de l'en empêcher mais sans succès. Le crime a eu lieu devant ses yeux alors que M. F. venait de l'écarter avec brutalité.

Un profond silence accueille les terribles accusations de Déborah. Même le greffier arrête de martyriser son clavier, dans l'attente de ce qui va arriver. Mais rien ne se produit. L'avocat et son client restent muets.

— Monsieur F., avez-vous des explications à me donner ?

Yan est égal à lui-même, impassible. Pourtant, une agitation croissante se développe en son for intérieur.

— Pour moi, votre silence équivaut à des aveux.

— Vous ne pouvez pas dire ça, s'insurge l'avocat. Mon client est très choqué. Ce n'est pas qu'il ne veuille pas parler, mais, c'est qu'il ne le peut pas ! Je demande une expertise médicale...

La magistrate croise les doigts sans quitter Yan des yeux. Son scepticisme est évident.

— Admettons que M. F. soit devenu aphasique, à la suite de... enfin, bref. Peut-il écrire ce qu'il n'est pas capable de nous dire ?

Sans attendre de réponse, elle saisit un bloc-notes et un stylo sur son bureau et les tend à Yan.

— S'il vous plaît, monsieur F. ...

L'avocat est pétrifié. Son argument était recevable, mais la magistrate l'a piégé. Et ce qu'il redoutait le plus se réalise au pire moment : Yan ne bouge pas le petit doigt pour se saisir des outils que lui propose la juge. Il ne veut rien dire. Il refuse toute communication. Il est indéfendable.

— Monsieur F., vos mains ne sont pas paralysées. Je vous invite à m'écrire votre version des faits. Si vous ne le faites pas, je serai dans l'obligation de considérer que mademoiselle Herdier nous a décrit ce qui s'est réellement passé dans la soirée du mercredi 22 octobre et que vous ne contestez pas les faits...

Yan se lève, blanc comme un linge. Le regard fixe, les mains le long du corps, il pivote sur lui-même et se dirige vers la porte. Un instant interdite, la juge finit par réagir :

— Restez ici ! Monsieur F., je vous ordonne de rester ici !

Alertés par les cris, les gendarmes se rapprochent du bureau. Ils ont vite fait de jauger la situation et se précipitent sur le prévenu. Yan s'écroule dans leurs bras.

— Que s'est-il passé, madame le juge ? demande le plus gradé.

— Oh, rien de bien méchant, brigadier. Veuillez ramener M. F. dans sa cellule. Il a besoin de repos. Je vais appeler le directeur de la maison d'arrêt afin de savoir comment se déroule son séjour.

Les gendarmes laissent le temps à Yan de reprendre ses esprits avant de lui remettre les menottes et de l'emmener.

Resté seul avec la juge, l'avocat se lève et s'apprête à prendre congé. Puis il se ravise et revient sur ses pas.

— Vous ne devriez plus autoriser mademoiselle Herdier à visiter mon client. Plus maintenant, en tous cas.

— Au contraire, maître Boulanger. Si j'ai exceptionnellement délivré ce permis de visite c'est en pensant que si quelqu'un peut rendre la parole à M. F., c'est bien son ancienne petite amie. Vous devriez me remercier. J'essaie, à ma manière, de vous aider.

L'avocat hausse les épaules. Il semble un peu perdu et se demande avec angoisse s'il ne ferait pas mieux d'abandonner cette affaire. Il ne croit pas au miracle.

16

Maison d'arrêt
Lundi 17 novembre, 14 h 00

— 7 216, cabine 7 !

Sa mère, encore…

— Comment vas-tu, mon chéri ?

Yan observe le plafond. Des fissures partent du mur dans toutes les directions. Certaines, en se croisant, semblent dessiner des silhouettes.

— Pas trop fort, je le vois bien. Je suis ta mère. Tu ne peux pas me tromper, moi. Tu ne peux pas me jouer la comédie. Je vois. J'espère que tes compagnons de cellule ne sont pas trop durs avec toi.

Il y a un carré qui ressemble à un pré. Et puis une tache, dans un angle du pré, c'est une vache qui broute l'herbe du plafond. Yan sourit. Il trouve ça rigolo. La vache, le pré… Il n'entend pas ce que lui dit sa mère.

— Je t'ai envoyé un mandat. Tu l'as reçu ? C'est pour améliorer l'ordinaire. Ne te fais rien faucher. C'est plein de voleurs et de filous, ici. Te laisse pas faire. Montre-leur qui tu es !

Elle baisse la tête et enfouit son visage dans ses mains.

— Mon Dieu ! Je n'en peux plus. Faites qu'il parle à nouveau.

Et puis il y a aussi, à trente ou quarante centimètres, une araignée qui guette la vache, qui aimerait bien la croquer. Yan ne peut pas la prévenir. Il le voudrait tellement, pourtant.

— Tu n'as rien fait, mon petit Yan. Je suis sûre que tu n'as rien fait. Mais dis-le, à la fin !

L'araignée s'approche doucement, silencieusement, inexorablement.

— Qu'ai-je fait au ciel pour être punie de la sorte ? Je n'ai qu'un fils et on veut me l'enlever…

Les huit pattes de l'arachnide frémissent d'excitation mais ne font aucun bruit sur le plafond.

— Je suis toute seule pour supporter tout ça. Ton père est bien tranquille là où il est. Quant à ta sœur, elle ne veut plus me voir. Quelle ingrate !

— La vache !

Trop tard. L'araignée est sur elle. Yan ne peut plus rien faire.

Les yeux de sa mère deviennent immenses. La bouche grande ouverte sur un cri muet, elle ressemble à un personnage de manga. Et puis, elle s'anime à nouveau.

— Tu as parlé ! Yan, tu as parlé ! Oh merci, mon Dieu ! Merci…

La vache est morte. Yan est inconsolable. Deux larmes roulent sur ses joues.

Sa mère se penche sur le comptoir pour serrer Yan dans ses bras. Pris d'une rage folle, il la repousse violemment. Elle tombe à la renverse. Il se lève, grimpe sur le tabouret et, d'un doigt vengeur, écrase l'araignée.

De la vache, il ne reste que les cornes. Deux virgules sur le plafond.

Un surveillant aide sa mère à se relever.

— Il parle, sanglote-t-elle. Il parle…

Un autre surveillant vient chercher Yan qui se laisse emmener sans un regard pour sa mère. Il ne parle pas. Il a juste essayé de prévenir la vache.

— Cabine 7, parloir terminé !

17

Sois pas vache, le Yan !

— Il paraît que t'as dézingué ton beau-père, l'entreprend Serge en se plantant devant son lit. C'est ce qui se dit dans la taule. T'en penses quoi, toi ?

Yan n'en pense rien. Quelque chose s'est passé qu'il n'a pu éviter. Voilà tout.

— Moi, c'est plutôt ma belle-mère que j'aurais eu envie de décaniller. Elle s'est jamais laissé faire, la vioque. Enfin, c'est de l'histoire ancienne tout ça. Elle est six pieds sous terre, maintenant. De manière naturelle, j'te jure !

Yan aimerait se boucher les oreilles et dormir. Quand il dort, il oublie presque…

— Remarque, moi, j't'admire pour ça. Faut du cran. J'te parie que c'était un gros dégueulasse qui te méprisait. Peut-être bien qu'il abusait de sa fille. C'est courant, ça.

Le Fouineur est si proche que Yan pourrait le toucher en tendant le bras.

— Au fait, elle est jolie, ta copine ? C'est vrai, ça ! Tu n'en parles jamais. T'as même pas une photo d'elle accrochée quelque part. Moi, je trouve ça plutôt bizarre.

Serge s'approche encore, comme s'il voulait contraindre Yan à l'écouter jusqu'au bout, comme s'il anticipait une fuite de sa part. Mais la cellule est fermée. Où Yan pourrait-il bien aller ?

— Est-ce qu'elle a des gros seins ? Moi, j'adore les gros seins. J'aime en avoir plein les mains. Et son cul, il est comment ? Moi, j'aime les fesses qui rebondissent comme des boules de gélatine, rondes et souples. Ah, la jeunesse ! T'es un p'tit veinard, toi ! Y a une greluche, jeune et bien foutue, qui t'attend dehors et qu'est prête à faire tous tes caprices. Moi, j'ai personne. Tu devrais en faire profiter les potes. Pas vrai, le Yan ?

Serge s'agenouille sur le lit de Yan et approche son visage du sien.

— Sois pas vache, le Yan ! Montre-moi sa photo. J'suis sûr que t'en as une, planquée quelque part…

Et, l'air de rien, il se met à farfouiller dans les affaires de Yan. Au début, Yan ne dit rien. Il craint Serge qui, sans être un caïd, n'est pas un tendre. Mais quand le Fouineur déhousse son oreiller et met la main sur la photo de

Déborah, Yan sent quelque chose se briser en lui.

— Oh merde, c'est un portrait. On voit que sa tête. Remarque, elle est mignonne, mais j'aurais bien voulu en voir plus. T'as pas autre chose, le Yan ? Un truc plus intime, plus déshabillé. Que j'puisse rêver tout seul dans mon lit…

Yan saisit sa gamelle, encore sale du ragoût de midi, et l'abat sur la tête de son tourmenteur. Celui-ci se lève en sursaut. Sa tête heurte le montant du lit du dessus.

— Merde, le Yan ! T'es malade ou quoi ? Bordel, regarde c'que t'as fait !

Du sang coule de son cuir chevelu fendu et tombe sur le sol à grosses gouttes, y formant une petite flaque. Incrédule, il se masse le crâne pendant que la tache rouge grandit. Puis il examine ses mains ensanglantées et explose :

— Tu vas me le payer !

Serge détend brusquement sa jambe en direction du visage de Yan qui évite le coup de pied au dernier moment. La chaussure du Fouineur heurte le mur. Le choc lui fait perdre l'équilibre. Il s'écroule dans son propre sang.

Il se redresse, fou de rage. Yan lit dans son regard fiévreux que les choses vont mal tourner. Il se dit que c'est peut-être mieux ainsi, que c'est une bonne façon d'en finir et d'échapper à la justice, à sa mère, à Déborah…

Mais, au moment où Serge commence à fondre sur lui, l'image de Laure s'échappe de sa mémoire et vient flotter dans son esprit. C'est la seule personne qui l'aime vraiment et en qui il puisse avoir confiance. La seule qui ne le juge pas…

Le poing de Serge fait éclater son nez et ses lèvres. Sous la violence du coup, sa tête rebondit sur le mur avec un bruit de brique creuse.

Renonçant à se faire massacrer, Yan bondit hors de son lit, échappe aux griffes du Fouineur et se met à tambouriner sur la porte comme s'il cherchait à la pulvériser.

Quand le surveillant d'étage intervient enfin, il découvre une scène apocalyptique. Les mains de Serge se sont refermées sur le cou de Yan et serrent, serrent, serrent… Yan, les yeux fermés, le visage barbouillé de sang, est à deux doigts de perdre conscience. Il n'a pas peur. Il se dit que la vie s'est montrée injuste avec lui jusqu'au bout. Il se dit que la télé ne va pas lui manquer. Déjà, il n'y a plus de son et plus d'image. Juste du noir moucheté.

Le gardien hurle mais n'a pas d'autre choix que d'étourdir l'agresseur avec la première chose qui lui tombe sous la main. Puis les renforts arrivent.

Les deux détenus sont rapidement séparés. L'un respire à peine. L'autre, déjà revenu à lui, pleure, insulte les matons et tente de leur donner des coups de pied.

— Vite, il faut appeler un médecin !

— Je m'en charge ! annonce le surveillant principal. Fourrez-moi ce fou furieux en cellule d'isolement en attendant qu'on statue sur son sort !

Le Fouineur est évacué sous bonne escorte. Profitant du désordre, un détenu pénètre dans la cellule, s'agenouille près du blessé et commence à l'examiner. C'est un homme tout à fait ordinaire. Il a l'âge d'être le grand-père de Yan.

— Qu'est-ce que tu fabriques, le Doc ? glapit le seul surveillant resté sur place.

— Il respire difficilement. J'étais infirmier dans le civil. Je peux être utile.

— Dégage ! Tu es là parce que tu as tué ta femme, pas vrai ? Alors ne joue pas à Mère Teresa. Tu es un taulard comme les autres.

— Mais le temps que le médecin arrive de l'extérieur, il sera peut-être trop tard !

— Je m'en balance. C'est la procédure. Je te dis de dégager, 7 065 !

Le Doc se relève à regret. Il jette un dernier regard à Yan, toujours inconscient, et s'éclipse.

18
Alors, docteur ?

Quand le médecin pénètre dans la cellule 235, le calme est revenu depuis longtemps. L'homme connaît bien la maison d'arrêt. Il sait déjà qu'un détenu n'est pas un malade comme les autres.

Il examine rapidement les lieux. Bien que toutes les cellules se ressemblent, elles possèdent toutes une ambiance particulière. Cela se voit à une foule de petits détails. Dans la 235, bien sûr, ses impressions sont un peu faussées par la récente agression du jeune homme…

Abou est là. Le calme étant revenu, la direction l'a autorisé à regagner ses quartiers. Il regarde la télé, les dents serrées. Il y a également trois surveillants. Un dans le fond de la cellule, un autre au chevet de Yan et le troisième près de la porte, mains dans le dos, jambes écartées.

Le nouvel arrivant, à qui on a dit l'essentiel, se dirige vers Yan et s'assoit sur le lit. Le gardien le plus proche s'écarte pour lui laisser le champ libre mais sans le quitter des yeux.

Le médecin saisit délicatement la tête du blessé et la tourne vers lui. Il lui soulève les paupières pour observer l'état de ses yeux.

— Comment s'appelle-t-il ?

— Yan, lui répond Abou, devançant les surveillants. C'est pas un mauvais gars, docteur. Il n'est pas de notre monde. Il est perdu, ici.

— Bonjour, Yan. Je m'appelle Pierre Denant. Je suis médecin. Je vais t'examiner. Si jamais je te fais mal, dis-le moi, n'hésite pas.

— Il ne parle pas, docteur. Pas depuis son arrivée en taule.

Le praticien hausse les épaules comme si ce détail n'avait aucune importance. Il se met à palper le crâne de Yan, sa nuque, son cou zébré de traces rouges. Ses gestes sont doux, précis, efficaces.

— Alors ? demande un surveillant. Le verdict ?

Pierre Denant réfléchit un long moment avant de répondre, comme si, mentalement, il choisissait avec le plus grand soin les mots qu'il allait prononcer.

— Ce jeune homme a reçu un violent coup au visage mais son nez ne me semble pas cassé. Il a une grosse bosse derrière le crâne. Sans doute a-t-il heurté le mur pendant la bagarre. Il porte des traces évidentes de strangulation. Son... agresseur a manifestement cherché à le tuer...

— Ça, c'est vite dit ! objecte le surveillant debout devant la porte. Le Serge, c'est un pourri, d'accord, mais pas un assassin. M'étonnerait pas que le nouveau l'ait provoqué. Le Serge a sûrement voulu l'impressionner, lui faire peur, quoi ! Et puis les choses ont mal tourné. Le nouveau n'est pas un enfant de chœur. C'est un meurtrier.

— Vous n'en savez rien ! s'insurge Abou. Il n'a pas encore été jugé. Il est présumé innocent.

Le surveillant sourit d'un air entendu.

— Il est tout de même allé trouver les gendarmes pour se dénoncer. C'est pas vraiment l'attitude d'un innocent. Faut pas se fier à son aspect fragile. Y en a un qu'en a déjà fait les frais. D'habitude, le Fouineur, il sait se tenir.

Abou se mord les lèvres pour ne pas hurler. Il n'a pas envie de rejoindre le Fouineur en cellule d'isolement. Mais il a du mal à se contenir. Certains matons sont des cons et il ne s'y fait pas.

— Alors, docteur, est-ce que sa vie est en danger ?

— Je ne le pense pas. Mais il va avoir du mal à parler pendant quelque temps. Son larynx a souffert. Il est peut-être endommagé.

— C'te bonne blague. Alors ça ne va pas beaucoup le changer. Moi, votre client, je l'appelle M. Silence. Ça lui va comme un gant. Il n'a pas trop envie de raconter ce qu'il a fait.

Le médecin insiste :

— Il vaudrait mieux qu'il soit hospitalisé pour s'assurer que tout va bien. Il pourrait y avoir des complications.

Mais le surveillant n'en a cure.

— Il respire ? Il est vivant ? Alors tout va bien. Le directeur a dit qu'il ne fallait pas faire de vagues. Il reste ici. Ce n'est pas la première bagarre qui oppose deux détenus.

— Installez-le au moins à l'infirmerie. Qu'il soit au calme et sous surveillance médicale.

— Il est déjà sous surveillance, docteur. Vous pouvez nous faire confiance. On l'a à l'œil et plutôt deux fois qu'une !

— Il va rester avec Abou, ironise le deuxième gardien. Une vraie mère poule, celui-là !

Les trois matons sortent en riant. Le docteur Denant les suit, impuissant.

Quelques secondes après que la porte a claqué, Abou saisit la télécommande et éteint la télé. Son visage est fermé, figé comme un masque.

— Dors, petit, dors. C'est ce que tu as de mieux à faire.

19

Maison d'arrêt
Mercredi 26 novembre, 14 h 30

— 7 216, cabine 8 !

Yan pénètre dans la cabine en traînant les pieds et s'écroule sur son tabouret. Bon parloir ? Mon œil ! Il sait déjà que c'est un mauvais moment à passer.

A-t-on le droit de refuser un parloir ? Il n'en sait rien, ne posera pas la question. Trente minutes, c'est pas la mort, ça file vite.

— Je me suis fait un sang d'encre ! On m'a refusé deux visites ! Et sans me dire pourquoi. Je trouve ça inadmissible. Je n'ai jamais été aussi inquiète. Tu as été malade ? J'ai posé la question. On n'a rien voulu me dire. Parloir annulé, c'est tout. J'ai écrit au juge. Pas de réponse. Tu vois comment ils traitent ta mère ? Je suis sûre que tu as été malade…

Yan se souvient. C'était il y a longtemps. Il était en CE1 ou bien en CE2. Trente-neuf de fièvre. Une toux qui lui donnait l'impression de cracher ses poumons, douloureuse, sans fin. Sa mère lui a préparé à manger : un repas froid. Quelques cachets sur la table, à prendre un par un en cas de forte fièvre. Un bisou et puis tchao, à ce soir, mon trésor ! La porte a claqué. Yan est resté seul presque toute la journée, sans sortir de son lit, sauf une fois pour faire pipi. En rentrant du collège, Laure s'est occupée un peu de lui. Il a éclaté en sanglots quand elle s'est approchée de son lit. Elle l'a pris dans ses bras et lui a raconté des histoires. Ce soir-là, elle n'a pas fait ses devoirs.

— Personne ne veut jamais rien me dire. Je ne sais rien de ce qui se passe ici. Pourtant, je suis ta mère. Il ne te reste que moi !

Yan sursaute. Non, il y a Laure. Et puis, peut-être, Déborah…

— Si seulement tu daignais me parler et me raconter le cauchemar que tu vis ici. Je suis persuadée que c'est l'enfer. Je vois déjà comment sont traitées les familles qui viennent en visite. C'est un scandale ! J'ai l'impression d'être une criminelle dès que je passe le portail. Tu ne peux pas savoir ce que ça fait. C'est dégradant. Le personnel te regarde avec des yeux méfiants et t'oblige à passer dans une machine horrible qui couine tout le temps ! Le moindre bout de métal la fait sonner. On te fait tout enlever jusqu'à ce que le monstre se taise. Quel mépris ! Quelle humiliation ! Je n'oublierai jamais cette expérience que tu m'imposes. Quand je viens ici, j'en dors pas pendant deux nuits. J'appréhende. J'anticipe les brimades. Mais je suis sûre que tu as été malade. Raconte-moi…

Le silence, tout à coup, dans la cabine 8, cueille Yan comme un uppercut. Il triture nerveusement le col roulé qui dissimule les marques rouges sur son cou, légèrement violacées maintenant. Il n'y a rien à raconter. C'est la prison. Quand on n'y est pas enfermé, on ne peut pas comprendre. Ici, le temps ne passe plus. Il flâne. Il musarde. Il a tout son temps. Le lundi se confond avec le mardi, le jeudi avec le vendredi. Le plus long moment de la semaine est sans aucun doute le week-end. Ces deux jours-là durent à eux seuls une éternité.

— Tu vas garder le silence encore longtemps ? Je ne sais pas si je vais tenir. Tu ne te rends pas compte de l'effort que ça représente pour moi de venir te voir dans cet endroit sordide. Oh, mon petit, mon pauvre petit… Pardonne-moi. Je dis n'importe quoi !

Yan a l'habitude. Emportement, regrets, excuses. Il en a beaucoup souffert. Aujourd'hui, il s'en fiche.

— J'ai essayé d'en savoir plus auprès de ton avocat, mais c'est une véritable anguille. On ne peut ni le voir, ni le joindre. C'est bien simple : il n'est jamais à son bureau, toujours par monts et par vaux. Je désespère de pouvoir lui parler un jour. Boulanger, c'est pas un nom sérieux pour un avocat.

Yan a presque envie de sourire. Il se retient. Ça rendrait sa mère trop heureuse. Son visage reste de marbre. Après tout, le nom de son avocat importe peu. Il n'en veut pas. Il n'a plus rien à défendre.

— Est-ce qu'ils t'ont bien soigné, au moins ?

Yan pense : aussi bien que toi, maman, aussi bien que toi…

Et le mot « maman », dans sa tête, sonne faux, sonne creux.

Puis il se lève, avant que le surveillant n'annonce la fin du parloir. Sa mère le regarde sortir, immobile.

20
Mille plafonds

Abou l'accueille à son retour, la mine grave.

— Bon parl... Non, oublie.

Yan fronce les sourcils en effleurant son codétenu du regard.

— Je n'ai rien dit, petit. La tête que tu fais me suffit. Je ne veux pas que tu triches avec moi. Et je t'aime bien, même si tu ne parles pas. Ton silence ne regarde que toi.

Yan éteint la télé et s'allonge sur sa couchette. Il fixe le sommier et le matelas du lit du dessus. Il a l'impression que son regard se cogne partout ici. En prison, il y a mille plafonds et pas de ciel. C'est étouffant. C'est rassurant.

Au bout d'un moment, Abou constate que Yan dort, les yeux ouverts. Alors il rallume la télé en prenant bien soin de réduire le son au niveau d'un murmure d'eau qui coule.

21

Maison d'arrêt
Jeudi 27 novembre, 9 h 30

— 7 216, cabine 1 !

Que lui veut encore maître Boulanger ? Lui apporte-t-il du pain ? Ah, ah, très drôle !

Yan prend place en face de son avocat. Ce dernier semble nerveux. Il n'a de cesse de triturer les feuilles d'un épais dossier posé sur la tablette. Ses doigts serrent exagérément le papier. Il réussit à ébaucher une grimace en guise de sourire et se lance :

— Je sais ce qui vous est arrivé. On rencontre des types pas très nets en prison. Serge Mascarev n'est pas un tendre. Il a un casier judiciaire long comme la liste des courses d'une famille nombreuse. Vous ne souffrez pas trop ?

Yan regarde le plafond, l'un des mille plafonds de la prison. Non, il ne souffre pas. Il se sent comme anesthésié depuis sa mise sous écrou. Ce n'est pas lui qui est là. C'est un autre. Un double. Lui, il dort quelque part et rêve qu'il est en taule. Il va bientôt se réveiller.

— Vous allez enfin en être débarrassé. La direction pénitentiaire a pris une décision : à sa sortie du mitard, votre agresseur sera changé de cellule avant son transfert vers un autre établissement. Voilà qui devrait vous permettre de retrouver le sommeil.

Le sommeil ? Mais Yan dort. Il rêve qu'il est là, dans ce parloir. En réalité, il est loin. Où ? Très loin…

— Bon, à part ça, pas de mauvaise nouvelle à vous annoncer aujourd'hui. Au contraire, vous allez même constater que j'ai bien travaillé. J'ai une stratégie à vous proposer. Est-ce que ça vous intéresse de l'entendre ?

L'avocat observe son client, guettant un signe de compréhension ou d'assentiment. Mais rien. Yan ne bronche pas. Le plafond va bientôt s'ouvrir comme la peau d'un fruit trop mûr pour lui permettre de s'évader et de retrouver Déborah. Comme il aimerait que tout soit comme avant, que le geste fatal n'ait pas été commis !

Il est trop tard, désormais. Trop tard pour retenir son bras. Trop tard pour parler.

— Nous allons plaider coupable, version crime passionnel. Vous avez tué le père de Déborah pour la protéger. Je me charge de trouver des témoignages qui appuieront notre défense. Je sais que les accusations de votre ex-petite amie contredisent notre position, mais je pense que le choc a été rude pour elle et qu'elle n'est pas dans son état normal. Elle peut changer d'avis si nous tenons bon en défendant notre point de vue jusqu'au bout.

Non, Déborah ne changera pas d'avis. Elle est folle… Yan baisse la tête. Le plafond ne s'est pas ouvert. Il est même devenu bas et noir comme un ciel d'orage.

Yan sait bien qu'il est trop tard pour être heureux. Sa vie est fichue. Qu'aurait-il dû faire ? Ne pas tomber amoureux de Déborah. Qu'aurait-il dû dire ? Casse-toi, fillette, et marche à l'ombre. Au lieu de quoi il a plongé tête la première dans son premier amour et c'est lui qui, aujourd'hui, se retrouve à l'ombre.

Dans sa tête, les yeux vitreux du père de Déborah le regardent avec un air de reproche.

— Bon, je file. J'ai un boulot monstre. Je reviens vous voir dès que j'ai du nouveau. Gardez espoir. Tout n'est peut-être pas encore perdu.

Yan pose son regard sur maître Boulanger. Il semble le voir pour la première fois. « Espoir » : quel est ce mot étrange ?

L'avocat se lève. L'atmosphère du parloir est si pesante qu'il a hâte de se retrouver à l'air libre. Il ne part pas, il s'enfuit. Pourquoi la vie est-elle aussi injuste ? Pourquoi faut-il qu'elle sème la pagaille dans sa vie au moment où lui tombe dessus une affaire digne de ce nom ; un procès, un vrai ! Le dossier de sa vie, peut-être…

— Cabine 1, parloir terminé ! Veuillez regagner votre cellule.

Pour une fois, Yan ne se précipite pas vers la sortie. Il ne bouge pas. Il n'a pas spécialement envie de rester là, mais il n'a pas davantage envie de retrouver ses douze mètres carrés. Il attend qu'on vienne le chercher et qu'on le prenne par la main. Tant pis si on le brusque. Tant pis si on lui balance des mots durs.

Son étonnement est grand. Maître Boulanger est humain, finalement. Yan a décelé une faille chez lui qui lui rappelle la sienne. Il en est bouleversé. Son avocat ne gagnera pas son procès mais il y met toute son âme, il y croit et c'est bien.

— 7 216, premier avertissement !

Yan obtempère. Il repousse son tabouret et se redresse. Il se paie le luxe de regarder le surveillant droit dans les yeux en quittant la cabine.

Il vient d'avoir un bon parloir.

22

Maison d'arrêt Samedi 29 novembre, 11 h 00

— 7 216, cabine 2 !

Yan est soulagé de ne pas se trouver nez à nez avec sa mère. Le surveillant, sans doute pour se venger de son insubordination précédente, n'a pas voulu lui révéler l'identité de son parloir.

La veille, Yan a appris de la bouche d'Abou qu'il avait la possibilité de décliner une visite. On ne pouvait l'obliger à rencontrer une personne qu'il ne souhaitait pas voir, y compris son avocat. Il n'y a que les convocations du juge auxquelles il ne peut se soustraire.

Alors, ce matin, Yan a beaucoup cogité. Ira ? Ira pas ? Et puis finalement…

— Bonjour, petit frère.

Sa sœur est magnifique, comme toujours. S'il n'avait pas été son frère, il serait tombé amoureux d'elle.

Elle le serre contre elle. Il s'abandonne.

— Ce que tu me manques, petit frère ! Cet enfermement est terrible. Je souffre pour toi.

Yan s'accroche à sa sœur. Il aimerait tellement lui parler, lui dire combien il l'aime, combien il attend ces moments qui dissipent la grisaille de sa vie. Sa langue le brûle. Ses lèvres sont comme des fossiles et ne lui servent plus à rien. Il les écarte avec les doigts et essaie de prononcer le prénom de sa sœur. En vain. Il ne réussit qu'à éructer un borborygme ridicule.

De rage, il frappe le comptoir et se fait rappeler à l'ordre par le surveillant.

— Là, calme-toi, lui murmure Laure. Ce n'est rien. Patience, patience. Un jour, les mots reviendront.

Yan en doute. Il est complètement bloqué.

— Mercredi dernier, j'ai réussi à avoir ton avocat au téléphone. Il m'a fait plutôt bonne impression. Il n'est pas résigné comme je le craignais. Bien sûr, ton silence le gêne et, sans ton concours, il peut difficilement prouver ton innocence. Mais il veut se battre pour que tu passes le moins de temps possible en prison. Moi, je sais que tu n'es pas coupable de l'acte horrible dont on t'accuse, mais voilà… Je suis ta sœur, aucun juge ne m'écoutera.

Yan voudrait la détromper. Il a fait ce qu'il a fait. Inutile de revenir là-dessus. Néanmoins, les paroles de Laure lui font un bien incroyable.

— Et puis je n'ai pas de preuve. Tu as avoué un crime. Tout est contre toi, petit frère. Il faudrait un miracle. Je sais que tu n'as jamais cru en Dieu. Moi, si. Je vais prier pour toi.

Yan secoue la tête d'une manière désordonnée. Il ne veut pas. Prier ne sert à rien. Il n'a personne là-haut…

— J'ai dit à ton avocat le peu que tu m'as raconté sur le père de Déborah. Que c'était un homme grégaire, instable, violent. Que sa fille avait peur de lui. Et que, toi aussi, tu le craignais.

Yan détourne le visage brusquement. Par accident, son front vient heurter le mur. Inquiète, Laure se penche pour essayer de capter son regard. Elle a tellement peur qu'il se fasse du mal. Il est son propre ennemi, le plus coriace de tous. Depuis les événements tragiques, elle sent chez lui une violence qu'elle ne lui connaissait pas auparavant.

— J'ai eu tort ? Je n'aurais pas dû ?

Il enfouit la tête dans ses mains. Des soubresauts l'agitent, mais il ne pleure pas. Laure conclut à une réaction nerveuse. Pour l'apaiser, elle lui caresse les cheveux comme elle le faisait quand il était plus jeune. Il a toujours aimé ça.

— Tu sais, j'ai pensé à quelque chose. Tu ne peux ni parler ni écrire, mais dessiner… as-tu essayé ?

Yan ne réagit pas. Il se sent un peu mieux. Sa grande sœur est avec lui. Rien ne peut lui arriver.

— Pas forcément pour dire quelque chose. Juste pour t'exprimer et évacuer une partie de tout ce qui bout en toi. Ça pourrait te faire du bien. Est-ce que tu as des feuilles ? Des crayons ?

— Cabine 2, parloir terminé !

— Déjà ? gémit Laure.

Ses doigts s'attardent encore un instant dans la chevelure de son frère. Après un soupir silencieux, elle se lève et s'apprête à partir.

— Je reviendrai, petit frère. Je reviendrai toujours.

23
Déménagement

Sa cellule est grande ouverte. Il se retrouve nez à nez avec Serge qui porte dans ses bras tout son barda.

— Oh, v'là le p'tit qui revient. Je suis content. J'avais peur de te manquer. Tu vois, on me change de cellule. Tu vas me regretter.

Yan entend : « Tu vas le regretter… »

Il s'écarte pour laisser passer le Fouineur et le surveillant qui l'accompagne. Mais son ex-codétenu s'arrête à sa hauteur et lui crache :

— C'est pas mal, le mitard ! C'est la grande classe, le grand confort ! Surtout le lit en béton. Y a personne pour t'emmerder, personne à qui parler. C'est exactement ce qu'il te faut. J'espère que tu vas connaître ça à ton tour.

— 6 731, avance ! lui ordonne le surveillant. Et tu fermes ta gueule !

— Oui, chef ! Merci, chef !

Le Fouineur obtempère de mauvaise grâce et quitte la cellule à petits pas.

— T'inquiète pas pour moi, le nouveau. On se reverra, tu peux m'croire.

Quand la porte se referme, Yan est tétanisé. Debout au milieu de la cellule, seul, il se sent incapable du moindre geste. Perdu au milieu d'un no man's land de douze mètres carrés.

Tout tourne autour de lui. Au moment où il sent qu'il va tomber, il trouve la force de faire un pas vers son lit et s'y effondre comme une masse.

Il a eu envie de tuer le Fouineur. Tuer, éliminer, assassiner. Une envie folle, incompréhensible. Il a honte de celui qu'il est devenu.

Ce matin déjà, quand il s'est regardé dans le petit miroir en plastique de son nécessaire à toilette, il ne s'est pas reconnu. Des cernes creusés au burin, une barbe de quinze jours, un teint livide, un regard absent. Il s'est fait peur.

Une vraie tête d'assassin.

24

Maison d'arrêt
Mardi 2 décembre, 14 h 00

— 7 216, cabine 9 !

Déborah lui sourit quand il pénètre dans le parloir. Yan est terrifié. Son sang se glace.

— Surprise ! Je suis sûre que tu ne t'attendais pas à me revoir. Tu te croyais débarrassé de moi. Désolée de te décevoir. Je suis toujours en vie. Je tiens le coup…

Il doit reconnaître qu'elle n'a rien perdu de sa coquetterie. Il la trouve toujours aussi mignonne. Mais pour le reste, elle n'est pas comme d'habitude. Yan la sent froide, lointaine.

— C'est dur. Je pense souvent à lui. Je vais au cimetière tous les jours et je lui parle. Je lui rappelle les bons souvenirs, les moins bons aussi. Je lui dis à quel point il m'a fait du mal. Mais c'est mon père et je l'aime. Je te déteste encore plus que je l'ai détesté lui.

Elle a vraiment un visage d'ange. Dans le cœur de Yan frétillent des petits bouts de sentiments, fragiles mais pas encore morts. Une peau laiteuse et douce. Un nez élégant, légèrement pointu. Des cheveux magnifiquement longs dans lesquels il aimait se perdre. Mais un détail le choque pourtant, qui l'a marqué dès son entrée dans la cabine. Ses yeux. Ses beaux yeux noirs : deux balles d'acier.

— Mon père était un salaud. Tu as bien fait de le tuer. Mais, tu vois, je n'arrive pas à te pardonner. Maintenant, le salaud, c'est toi.

Et elle le gifle. Il ne s'y attendait pas. Sa tête part sur le côté. Le surveillant n'a rien vu.

— Pardon, mais c'est plus fort que moi. Il faut que je te fasse du mal. C'est comme ça que j'existe désormais. Je suis sur terre pour te pourrir la vie. Ne m'en veux pas. Mon père se venge à travers moi. Je suis possédée. Ah, ah, ah !

— Un peu de calme, cabine 9 ! les prévient le surveillant. Il n'y aura pas d'autre avertissement.

— Ça n'a pas d'importance, lui répond Déborah. De toute façon, j'ai terminé. Mon père m'attend. Sixième rangée. Il faut que j'achète des fleurs.

Et elle disparaît.

Yan est pétrifié. Pourquoi ? Pourquoi offre-t-elle des fleurs à cette ordure qui a massacré sa vie ? Yan ne comprend pas pourquoi elle vénère son bourreau.

— Suivez-moi, 7 216. Votre parloir vient de s'achever.

Yan reste de marbre, vissé sur son tabouret. Des fleurs ! Yan n'accepte pas.

— 7 216 !

Yan a décidé de ne pas obéir. Il veut rester là. Coûte que coûte.

— C'est mon dernier appel, 7 216.

Si Yan avait pu sortir à l'air libre, il aurait foncé au cimetière pour saccager la tombe de l'ordure. Il aurait renversé les plantes et la plaque de marbre sur laquelle Déborah a sans doute fait graver : « À mon papa adoré… »

Le surveillant est allé chercher du renfort. Ils pénètrent à trois dans la cabine, la mine hostile.

— On y va, 7 216. On rentre à la maison.

Une main se pose sur son bras. C'est le déclic. Yan jaillit de son tabouret comme un diable de sa boîte et bouscule les matons qui ne s'y attendaient pas. Deux d'entre eux tombent à terre. Le troisième s'agrippe à lui pour l'empêcher de s'enfuir. Yan le décroche d'un méchant coup de coude dans la mâchoire. Il se met à courir. Il remonte le couloir des parloirs sous le regard incrédule des autres détenus, mais une grille fermée à clef arrête sa course.

Un coup de sifflet strident retentit. Yan se retourne, aux abois. Les trois surveillants fondent sur lui comme un seul homme. L'un d'eux a la bouche en sang. Yan panique. Il distribue au hasard des coups de pied et des coups de poing. Il se bat comme un pantin désordonné. Il ne voit plus rien.

Soudain, deux mains se referment sur son cou, par-derrière, et le tirent violemment en arrière. Il perd l'équilibre. Sa tête heurte la grille. Une vive douleur éclate dans son crâne. Il a du mal à respirer mais ne peut se libérer. Les trois surveillants prêtent main-forte à leur collègue et immobilisent les membres du forcené. La pression sur sa gorge diminue. Des clefs actionnent une serrure. La grille s'ouvre en grinçant.

Yan se retrouve plaqué au sol par des poignes qui lui font mal. Il ferme les yeux, mais Déborah est imprimée sur sa rétine. Il l'imagine au cimetière, un bouquet à la main. Il se débat, ivre de rage.

Autour de lui, on parle, on crie, on s'invective. Des ordres et des questions fusent. Il comprend à peine les mots qui se télescopent. Puis, dans le brouhaha, il distingue une voix de femme, posée, mesurée. Yan la connaît.

C'est celle de l'infirmière qui l'a déjà soigné une fois.

— On va le calmer, cet enfoiré ! grince le surveillant qui lui maintient les épaules.

Yan tente une dernière ruade, il se cabre, sans effet. Il est épuisé. Son corps est raide comme un bâton. Il sent qu'on baisse son pantalon.

— Non ! hurle sa propre voix dans sa tête.

Quelque chose le pique à la fesse gauche. Il se sent partir. Il ne trouve rien à quoi se retenir et glisse dans la nuit noire.

25
Le bois des coupe-gorge

Yan s'éveille dans une clairière. Il ouvre les yeux et les referme. Non, pas ça. Pas ce terrible cauchemar…

Yan sait parfaitement où il se trouve. Dans une forêt de couteaux, plantés en terre, les manches pointant vers le ciel.

Quand il rouvre les yeux, il est aveuglé par un rayon de soleil qui ricoche de lame d'acier en lame d'acier comme dans un jeu de miroirs.

Yan sait ce qui va arriver. Il se lève et se met à marcher. Un ricanement l'alerte. Il se retourne. C'est un monstre. Il reconnaît le corps de Déborah, nu, surmonté de la tête de son père.

— Tu me reconnais, Yan ? Bienvenue dans mon enfer ! Je l'ai créé spécialement pour toi. Tu es mon prisonnier jusqu'à la fin des temps.

Paniqué, Yan se met à courir. Mais les lames des arbres-couteaux sont aiguisées et extrêmement coupantes. Il s'écorche, s'entaille, se mutile et s'ensanglante.

— Je vais te saigner comme un goret !

Yan sait qu'il n'échappera pas au monstre. Il est exsangue bien avant d'avoir réussi à quitter la forêt aux lames affûtées.

Alors il fonce droit sur le tranchant d'un rasoir à main. Hélas, même coupé en deux, il se relève.

Le monstre ricane.

— Tu ne mourras jamais !

26
Mitard

Yan ouvre un œil. Son cauchemar n'est plus qu'un mauvais souvenir. Une soif immense dévore sa gorge et sa bouche. Mais, plongé dans une obscurité presque totale, il ne distingue rien de ce qui l'entoure. On ne l'a pas enfermé dans une cellule ordinaire.

Des images et des sons circulent dans sa tête. Désynchronisés. Il essaie de les rassembler et de les faire se correspondre. Il obtient un court-métrage intitulé « Le Prétoire ». Il y a là le directeur, deux surveillants et son avocat. Ce n'est ni plus ni moins qu'une commission de discipline. L'un des gardiens raconte la scène qui s'est déroulée dans le couloir des parloirs. Sans rien omettre. Yan a même l'impression qu'il en rajoute. Il capte des mots étranges : forcené, drogue, agression caractérisée, délire…

Son avocat argumente et tente de minimiser l'affaire, mais le silence de Yan le gêne. Si seulement il avait sa version des faits…

— C'est la première fois que mon client dérape. Il est jeune, fragile…

Le directeur de la maison d'arrêt sourit.

— C'est ça, c'est ça, maître Boulanger. Vous voudriez nous faire croire qu'un assassin est un enfant de chœur ? Je lui donne sept jours et ce n'est pas cher payé pour ses débordements. Pas de parloir pendant cette période, une heure de promenade quotidienne. La sentence est exécutable de suite…

Le mitard ! C'est ce qu'ils appellent tous le mitard !

Pas de télé, ici. Le bonheur !

Il n'y a pas non plus de fenêtre. Ça, c'est moins drôle. D'autant que la lumière semble commandée de l'extérieur. Yan a beau palper les murs, il ne découvre pas d'interrupteur. Impossible d'allumer pour découvrir son nouvel univers dont la veilleuse faiblarde ne parvient pas à chasser l'ombre.

Il est allongé sur une plaque de béton qui fait office de lit. Pas très confortable. On a glissé un oreiller qui sent l'urine sous sa tête, un matelas fin comme du papier à cigarette sous son dos, et posé une couverture qui gratte sur son corps. Le strict minimum.

Le bon côté des choses, c'est que le Fouineur ne viendra pas l'embêter ici.

Yan a une envie pressante, mais il ignore où sont les toilettes. Il se retient. Il n'a pas le courage de tâtonner à la recherche de la cuvette. Il pourrait se fier à son odorat. Des relents douteux flottent dans la cellule. Des toilettes, il y en a, et pas très loin.

La vérité, c'est que l'obscurité terrifie Yan. Il ne bouge pas par peur de ce qu'il pourrait découvrir. Il a toujours eu un problème avec le noir. Sa respiration s'accélère. Il se sent oppressé comme si un monstre comprimait sa cage thoracique.

Alors, pour chasser ses terreurs nocturnes, il pense à Déborah. Ses narines frémissent. Sa colère gronde. La garce !

27
Les premières rencontres

La première fois qu'il avait vu Déborah, c'était au lycée. Yan venait d'entrer en seconde. Elle était jolie déjà, mais il n'avait pas remarqué tout de suite son existence. Il y avait tellement de filles mignonnes dans l'établissement. À l'époque, Yan était seul et timide. Il n'avait encore jamais eu de petite amie.

La vérité, c'est qu'il ne s'intéressait pas beaucoup aux filles. Elles l'intimidaient. Elles semblaient toutes si sûres d'elles. Inaccessibles étoiles.

Les rares tentatives de rapprochement qu'il avait entreprises s'étaient soldées par des fiascos. Il n'y croyait pas assez, sans doute. Alors il avait accepté la solitude, moins douloureuse que le rejet.

C'est en première que Déborah avait ébloui son regard pour la première fois, lorsqu'ils s'étaient retrouvés dans la même classe. Yan ne pouvait plus faire comme s'il ne la voyait pas. Elle existait ! Il la côtoyait tous les jours de la semaine. Mais, amoureux en silence, il se contentait de l'admirer de loin. Il faut dire qu'elle changeait souvent de petit copain. Ça n'était pas pour le rassurer.

Il évaluait ses chances de la séduire à une sur deux cent mille. Son affaire se présentait mal.

Dans le cocon de sa chambre, il lui écrivait des poèmes que jamais il ne lui avait montrés. Une belle fille comme ça, convoitée par tous les gars de la classe, ne pouvait être sensible à la poésie d'un garçon qui ne brillait en rien. C'était perdu d'avance.

Ce qu'il ne savait pas, c'est qu'elle avait remarqué ses regards douloureux. Elle avait été troublée par l'évidence de ses sentiments. Il ne fonçait pas comme les autres. Il ne souriait pas comme eux. Sa patience était touchante. Bref, elle le trouvait craquant.

C'est à l'occasion d'une fête un peu arrosée qu'elle avait fait le premier pas et qu'ils s'étaient trouvés pour ne plus se quitter. Yan avait vécu cette période de sa vie sur un petit nuage. Jusqu'à ce fameux soir où un couteau de cuisine s'était enfoncé dans le dos du père de Déborah. Yan ne regrettait pas l'issue de la dispute. Seulement, aujourd'hui, il ne comprenait pas l'attitude de Déborah.

Pourquoi le rejetait-elle ?

Il l'aimait toujours. Son cœur était comme un bolide lancé sur l'autoroute, à plus de deux cents kilomètres à l'heure. Et les freins ne répondaient plus...

28
Que la lumière soit !

Au moment où Yan va enfin s'endormir, un claquement très sec, pareil au bruit d'un disjoncteur que l'on réarme, retentit. Il sursaute, ouvre les yeux et les ferme aussitôt. Une lumière jaunâtre éclaire les lieux. Elle n'est pas puissante mais, après des heures passées dans le noir, Yan la trouve agressive. Des larmes s'échappent de sous ses paupières.

Une fois habitué, Yan découvre avec stupeur son nouvel univers. Ce n'est pas un camp de concentration mais ça y ressemble. C'est moche, sale et triste.

Un lit en béton, une table en béton, des toilettes à la turque, un bouton pour la chasse d'eau, un robinet. Une grille sépare la cellule de la lourde porte métallique écaillée, sécurité oblige.

Le mitard est miteux. Taudis.

Yan s'empresse de soulager sa vessie et tire la chasse. Ça fait un bruit épouvantable. L'eau déborde et s'écoule jusqu'au pied du lit.

Plus tard, on lui apporte son repas dans une écuelle pour chien. En tous les cas, ça y ressemble. Au menu : une pâtée infâme qui dégage une forte odeur de poisson. Impossible d'en reconnaître les autres ingrédients. Tout est broyé. Il ne laisse rien.

Plus tard encore, il a droit à une promenade d'une petite heure dans une cour inondée, avec un grillage pour ciel. Il marche, il marche, il marche. Il tourne en rond. Puis il s'arrête, à bout de force. C'est l'heure de regagner sa cellule où le ménage est fait une fois par an.

Plus tard enfin, la lumière s'éteint. Yan frissonne dans le noir et claque des dents, de peur et de froid. Parfois, la lumière reste allumée. Il ferme les yeux. Le froid demeure. Dormir là est décidément impossible.

Il a l'impression d'être tombé au fond d'un cachot, comme il en existait autrefois...

Ici, le seul moyen d'évasion est le suicide. Mais il n'y a pas grand-chose pour le réussir. À part, peut-être, se taper la tête contre les murs lépreux jusqu'à ce que mort s'ensuive.

Yan pleure.

Pendant sept jours et sept nuits.

29

On ne lambine pas, 7 216 !

À sa sortie du mitard, Yan, qui n'était déjà pas très gros, n'a plus que la peau sur les os. Il marche doucement, avec précaution, la main devant les yeux. Trop de lumière d'un coup.

Il se sent sale, petit et vide. Il se dit qu'entre lui et un animal il n'y a guère de différence.

Le chemin pour rejoindre sa cellule est un calvaire. Il lui paraît interminable. Ses jambes, hésitantes, suivent avec peine le rythme imposé par le surveillant.

— On ne lambine pas, 7 216 !

Yan essaie d'aller plus vite, mais ses pieds s'emmêlent. Il tombe.

— Allez, debout, 7 216 ! Tu regrettes le mitard ? Ah, rien de tel pour te remettre les idées en place !

Yan se relève en tremblant comme un vieillard. Le mitard, il n'y retournera plus. Il se le promet. Plutôt crever !

Juste avant d'arriver, une crainte le saisit à la gorge. Pourvu qu'on ne l'ait pas changé de cellule... C'est le seul repère qu'il ait, ici ; le seul endroit un peu familier. Et puis il y a Abou. Il aime bien Abou. Il ne sait pas ce qu'il a fait pour arriver là, mais c'est un mec bien. Peut-être a-t-il tué, lui aussi ?

En prison, on ne parle jamais de son affaire. On ne se vante pas. Tous les détenus ont une bonne raison d'être à l'ombre mais peu en sont fiers.

La porte s'ouvre. Même numéro : 235. Yan porte la main à son cœur qui bat trop vite, qui lui fait mal.

— Alors, bon mitard ? lui demande Abou, goguenard.

Mais quand il voit l'état de Yan, son teint livide, ses joues creusées, son sourire s'efface.

— C'était de l'humour, petit. Pardonne-moi.

Le surveillant sort et repousse la porte. Clac-clac !

— Bande de salauds ! gronde Abou. Vous avez vu ce que vous avez fait de lui ? Enfoirés, va !

Bruits de clefs, gestes précipités... La porte s'ouvre à la volée.

— La ramène pas, 6 902 ! Si tu veux prendre la place du 7 216, y a pas de problème ! Le mitard est encore chaud ! Tu connais, toi, pas vrai ?

Le surveillant et Abou se mesurent du regard. Abou serre les poings. Il se dit que ce serait si facile d'écrabouiller ce cloporte. Mais il se retient. Yan a besoin de lui. Il ne veut pas le laisser tout seul, à la merci du premier caïd venu.

— J'aime quand tu es raisonnable, 6 902 !

La porte se referme avec fracas.

Abou guide Yan jusqu'à son lit où il s'allonge. Quel confort !

— Nous avons un nouveau colocataire. Tu le connais déjà.

Yan tourne la tête avec appréhension, s'attendant à voir le Fouineur. Mais non, ce n'est pas lui. Abou lui apprendra plus tard qu'il a été transféré la veille dans un centre de détention et qu'il n'a plus rien à craindre de lui.

Son remplaçant, c'est le Doc. Numéro d'écrou : 7 065. Celui qui, paraît-il, a envoyé sa femme dans l'autre monde. C'est le même individu qui, d'après un surveillant, s'est proposé pour lui administrer les premiers soins après le coup de sang du Fouineur. Un gars discret.

C'est une bonne nouvelle. Elles sont si rares...

— Fais de beaux rêves, lui murmure Abou.

30

Maison d'arrêt Samedi 14 décembre, 9 h 30

— 7 216, cabine 4 !

Son avocat l'attend, debout. Il lui tend la main. Yan ne fait aucun effort pour s'en emparer. Il s'assoit, le regard dans le vague.

— Je suis vraiment désolé. Je n'ai pu vous éviter le mitard. Les commissions de discipline constituent une parodie de tribunal. En réalité, le directeur fait ce qu'il veut. Il n'a de comptes à rendre à personne, pas même à son ministère. J'aurais pu faire appel de sa décision, mais mon recours n'aurait pas été examiné avant deux mois et vous auriez fait de toute façon vos sept jours de mitard. La justice marche sur la tête depuis longtemps et ça ne s'arrange pas.

Yan écoute maître Boulanger. Il le respecte. Un début de confiance est en train de naître chez lui pour cet homme maladroit mais plein de bonne volonté.

— Je ne sais pas encore ce qui vous a pris ce fameux jour. Je sais seulement ce que le surveillant a rapporté pendant la commission de discipline. Vous avez pété un plomb après une visite de la fille de la victime. J'ai demandé à la juge de ne plus lui autoriser de parloir avec vous. Après ce qui s'est passé, je pense qu'elle va accéder à ma requête. C'était jouer un jeu dangereux que de laisser venir ici votre ancienne petite amie qui vous accuse de tout…

Yan hoche la tête, machinalement. Il est d'accord. Il ne veut plus revoir Déborah. Elle lui fait trop de mal.

L'avocat, surpris de voir Yan réagir pour la première fois, marque un temps d'arrêt. Il se dit que c'est bon signe et que, peut-être un jour, son client lui parlera.

— J'ai des nouvelles plutôt encourageantes, ce matin. Mon dossier s'est étoffé. J'ai enfin un profil net pour la victime. C'est loin d'être un modèle de vertu. M. Herdier était un alcoolique notoire. Tout le voisinage se plaignait de lui. Il pouvait même se montrer violent. Plusieurs plaintes pour insultes, coups et blessures ont été déposées contre lui, y compris par sa propre épouse qui s'est ensuite rétractée. Cet aspect sombre de sa personnalité est une bénédiction pour nous !

Le visage de Yan s'assombrit. Ses traits se durcissent. Marcel Herdier était un salaud. Pas de paix à son âme…

Yan espère qu'au procès la vérité éclatera. Il faut que les jurés sachent qui était vraiment le père de Déborah : un monstre.

— Avec ce que j'ai et malgré votre silence, je pense que nous pouvons obtenir une peine raisonnable. Cinq ans, peut-être. Si les jurés se montrent indulgents… Je suis bien plus optimiste qu'au début.

Cinq ans ! Pour Yan, ça représente une éternité. Mais il n'est pas inquiet. De toute façon, sa vie est brisée. Une fois l'amour de Déborah parti en fumée, que lui reste-t-il ? Celui de sa mère, cabossé et boiteux. Celui de Laure, presque intact mais fragilisé. Sans la passion, la vie n'a aucun goût.

Cinq ans, c'est bien. Du moment qu'il ne retourne plus au mitard.

Dans le cas contraire, il ne répond de rien. Dans le cas contraire, il s'évadera…

31
Les mots de la nuit

Abou ronfle. Très fort. On dirait un orage qui gronde dans le lointain. Sauf qu'il est juste au-dessus de Yan, à quatre-vingts centimètres. Impossible de l'arrêter. Siffler ne sert à rien. Le réveiller non plus. Il se rendort aussitôt et ça recommence. C'est comme les chutes du Niagara, ça ne s'arrête jamais.

— Tu n'arrives pas à dormir, toi non plus ? lui demande le Doc. Je n'ai jamais vu ça. C'est un tonnerre d'orage, cet homme-là !

Le départ du Fouineur et l'arrivée du Doc ont chamboulé l'atmosphère de la cellule. Il y fait désormais presque bon vivre. Le nouveau venu est un petit homme qui ne paie pas de mine. Cependant, Yan n'a pas eu besoin de le côtoyer longtemps pour découvrir ses principales qualités : le Doc est humain et attentif aux autres. La prison ne l'a pas encore abîmé. Yan apprécie sa compagnie et se dit que, pour une fois, il a eu de la chance…

— Ma femme ronflait aussi. Mais c'était des ronflements de souris à côté !

C'est la première fois que le Doc évoque sa femme devant lui. En journée, il se déplace comme une ombre et parle peu. La nuit, avec la montée de l'angoisse, sa langue se délie.

— Elle n'était pas commode, ma femme. Mais ce n'était pas un dragon. Juste un chameau. Elle aimait bien avoir raison, même quand elle avait tort. Quand je lui disais qu'elle ronflait, elle montait sur ses grands chevaux et, au bout du compte, c'est moi qui ronflais. Ça se peut, mais elle ronflait aussi. Elle n'a jamais voulu l'admettre. Je ne sais pas pourquoi je te raconte tout ça...

Yan ne sait pas non plus, mais il écoute. Depuis que les mots ne sortent plus de sa bouche, il a appris à entendre le bruit des autres. Et il s'est rendu compte que les gens n'ont pas seulement besoin de parler mais surtout d'être écoutés. Intensément. Profondément. Et sans jugement.

— Il ne faut pas que tu croies ce que les autres racontent sur elle et moi. Nous nous aimions, ma femme et moi. Nos disputes ne prouvent pas le contraire. Il y a des tas de couples qui s'engueulent tout le temps et qui s'adorent. Nous nous adorions. Ceux qui m'accusent de l'avoir tuée ne savent pas ce qu'ils disent.

La cellule n'est pas tout à fait plongée dans le noir. Yan écoute l'ombre du Doc. Il distingue une partie de sa silhouette, allongée sur le lit, et, plus nettement que tout le reste, le profil de son visage. Il voit bouger sa bouche, danser ses lèvres.

— Et je suis sûr que pour toi, c'est pareil. Personne ne veut t'entendre. Il y a des choses que l'on ne peut exprimer avec des mots. Des choses inavouables. Des pensées dont on a honte. Je t'ai observé. Pas longtemps, certes, mais ça m'a suffi. Toi, tu n'as pas les mots. Tu es submergé par tes sentiments. Ils sont si forts que ça t'étrangle. Tout le monde croit que tu es M. Silence. C'est faux. Il y a des silences qui en disent long.

Yan est bouleversé. Il n'entend plus les ronflements monstrueux d'Abou. Il ne sent plus la triste odeur de la prison. Le Doc s'est pris d'amitié pour lui. Il a vu un frère en Yan.

— Ma femme, je l'ai aidée à mourir. Il ne lui restait que quelques jours à vivre. Elle venait juste de l'apprendre. Je l'ai su avant elle. C'est moi qui lui ai annoncé les résultats de ses analyses. Son spécialiste les lui a confirmés un peu plus tard. Nous avons pris notre décision très vite. Nous n'avions pas le temps de réfléchir. Nous voulions partir ensemble. Je l'ai regardée s'éloigner. Elle avait confiance en moi. Mais, au dernier moment, je n'ai pas pu la suivre. Elle ne l'a pas su. Elle était déjà si loin. Je l'ai trahie. Mon crime est là. Ce n'est pas celui qu'on croit. On veut me punir pour ce que j'ai fait de bien, on me pardonne pour ce que j'ai fait de mal. Je ne suis pas un assassin. Juste un lâche.

Yan a dans les yeux plein de larmes qui ne coulent pas. Le Doc vient de réussir ce que lui-même est incapable de faire : avouer et expliquer. Car si la vérité est lourde à porter, il est encore plus dur de s'en débarrasser. On aimerait juste l'oublier. Le silence, ça n'est pas l'oubli.

Le Doc a trahi sa femme. Yan trahit les siens en se taisant. Ils sont tous deux frères de trahison.

— Quand on agit par amour, les autres ne le comprennent pas. C'est pareil pour toi, je crois. Voilà. Il fallait que je te le dise.

32

Maison d'arrêt
Mardi 16 décembre,
14 h 00

— 7 216, cabine 6 !

C'est Laure ! Yan est fou de joie. S'il le pouvait, il lui raconterait tout. Hier, il a encore essayé d'écrire. Vainement. Ça ne sort pas. C'est enfoui au fond d'un puits. Il a commencé à dessiner, mais c'est difficile, ça aussi.

Ils s'étreignent juste quelques secondes, avant de s'asseoir, un sourire dessiné sur leurs lèvres. Sa sœur le regarde longuement.

— Tu as encore maigri, petit frère. Pourtant, j'ai l'impression que tu vas mieux. Est-ce que j'ai raison ?

Yan continue de sourire. Tout ne va pas si mal dans la cellule 235.

— Je suis heureuse pour toi. Au début, j'étais très inquiète. J'avais peur que la prison te brise complètement. Je sais que tu as fait du mitard. Ça n'a pas dû être facile. Mais aujourd'hui, je te sens plus fort. Tu ne peux pas savoir à quel point ça me fait plaisir ! C'est comme si j'étais en train de retrouver le petit frère que j'avais perdu.

Elle pose la main sur l'avant-bras de Yan et y exerce une légère pression.

— J'ai rappelé ton avocat. Il semble de plus en plus confiant. J'ai senti que ton dossier l'intéressait vraiment et qu'il avait enfin accepté ton silence, même s'il ne le comprend pas. Moi, j'aurais préféré qu'il prouve ton innocence, mais s'il obtient une peine réduite au minimum je ne lui en voudrai pas ! En tous les cas, il se bat. Il a d'autant plus de mérite que j'ai cru comprendre qu'il affrontait également des problèmes personnels. Lui et sa femme sont en instance de divorce. Il y a un enfant au milieu et ça se passe mal.

Comment Laure savait-elle tout ça ? Oui, c'est vrai, elle avait pour habitude de poser beaucoup de questions. Et quand elle n'obtenait pas de réponse, elle revenait à la charge.

— Je ne veux pas que tu passes ta vie en prison pour une erreur de jeunesse. Ce ne serait pas juste. Ta Déborah, je m'en suis toujours méfiée. Bien sûr, tu n'as pas voulu m'écouter, petit frère.

Le sourire de Yan disparaît aussitôt. Il aime encore Déborah. Il l'aimera toujours. Malgré sa trahison…

Son cœur est en prison.

— Quand le procès sera fini, il faudra que tu l'oublies.

Yan ne peut pas. Ce qui le lie à Déborah est trop puissant, trop compliqué. Il est capable d'attendre. Il n'est pas résigné. Il espère toujours que Déborah prendra un jour la mesure de l'amour qu'il lui porte et reviendra sur ses déclarations. Alors elle admettra enfin la vérité sur son père et sur tout le mal qu'il lui a fait.

— Je sais que tu ne m'entends pas quand je te raconte tout ça. Tu penses que je ne comprends rien. Tu as raison. Il en sera probablement ainsi tant que tu ne m'auras rien dit. C'est comme ça. C'est plus fort que moi. Ton amour pour Déborah me paraît insensé.

— Cabine 6, parloir terminé !

Un air las envahit le visage de Laure, vite chassé par un sourire timide.

— Tu vois, il y a toujours quelqu'un ou quelque chose pour nous faire taire. Je reviendrai, petit frère. Tu n'es pas encore débarrassé de moi.

33
Douche froide

Trois douches par semaine, ce n'est pas du luxe. Yan aime ces moments-là et les redoute en même temps. Il préférerait se laver seul mais il n'y a que des douches collectives.

Aujourd'hui, ils sont quatre. Yan en connaît un de vue. Les deux autres ne lui disent rien. Il les a peut-être déjà croisés sans les remarquer. Il n'est pas là depuis assez longtemps pour mettre un nom sur chaque visage. Personne ne fait attention à lui.

L'eau qui jaillit du plafond ruisselle sur son corps. Il se savonne avec énergie. Il n'aime pas trop s'attarder sous le jet tiède et irrégulier. Il n'est pas rare de commencer sa douche sous une eau à peu près chaude et de la terminer en hâte sous une eau glacée. La première fois, il s'est fait surprendre et a battu en retraite sans réussir à se rincer complètement. Ce genre d'incident fait beaucoup rire les autres, qui ont un cuir plus dur que le sien.

Maintenant, il sait. Ses gestes sont précis et rapides. Il ne perd pas une seconde. Il met un peu de shampoing dans sa paume et se frotte les cheveux en effectuant des mouvements tournants avec ses mains. Il frotte fort. Il se sent toujours sale depuis son arrivée ici.

Le gars qu'il connaissait de vue récupère sa serviette, s'en drape le bas du corps et sort en lui adressant un petit signe de tête. Les deux autres ne tardent pas à l'imiter. Yan s'efforce de ne pas s'attarder sur la nudité d'autrui. Cette promiscuité le gêne un peu. Il n'est pas bégueule, mais il a toujours peur que ses compagnons lui demandent ce qu'il regarde avec tant d'insistance. Alors, souvent, il fixe le sol ou le plafond et le tour est joué, on lui fiche la paix.

Un nouveau détenu pénètre dans la salle carrelée. Petit et râblé, il ressemble à un taureau. Yan l'a déjà vu une fois mais il ne se souvient plus dans quelles circonstances.

— Qu'est-ce que tu mates comme ça, blanc-bec ?

Yan détourne aussitôt le regard.

— Je t'ai posé une question, mon mignon. Ça ne te dérange pas que je t'appelle « mon mignon » ?

Flairant les embrouilles, Yan se dirige vers le vestiaire.

— J'ai horreur qu'on ne réponde pas à mes questions. Je ne suis pas assez bien pour toi, c'est ça ?

Au moment où Yan va se saisir de sa serviette, l'homme lui donne une grande claque dans l'épaule qui le déséquilibre. Ses pieds dérapent sur le carrelage mouillé. Il a l'impression que ses jambes s'envolent. Il atterrit sur le dos. Son crâne rebondit sur le sol. Le choc ébranle tout son corps, le laissant incapable de se relever.

Mais l'homme ne lui laisse pas le temps d'essayer. Il le retourne sur le ventre et s'assoit à califourchon sur ses fesses.

— Les jeunes, faut toujours leur apprendre le respect. C'est ce que me disait le Fouineur avant qu'un morveux provoque son transfert dans une autre taule.

L'homme attrape Yan par les cheveux et lui tire la tête en arrière.

— Tu vois de qui je parle ?

Yan voit très bien mais ne dit rien. Ses tempes bourdonnent. Il essaie de maîtriser l'immense peur qui lui creuse le ventre.

— Je vais t'enfoncer les bonnes manières dans le cul, mon mignon !

Yan a l'impression que sa nuque a été arrachée de son corps. Sa peur devient panique. Il donne des coups de rein pour désarçonner son bourreau, mais ce dernier raffermit sa prise.

— Au début, ça fait mal, très mal. Mais après, ça devient supportable. Et à la fin, tu vas râler de plaisir.

D'une brusque ruade, Yan parvient à se tourner légèrement sur le côté. Alors l'homme lui tord carrément le cou. Yan capitule.

— Ne sois pas si pressé, mon mignon. Ça vient, ça vient. Tu sens comme je suis excité ?

L'homme commence à pousser. Yan serre les dents. Il voudrait mourir.

— C'est le métier qui rentre, mon mignon... Spéciale dédicace du Fouineur. Il m'a chargé de faire ton éducation.

Soudain, un troisième détenu fait irruption dans la pièce et plonge sur le violeur. Libéré, Yan se redresse aussitôt et sort sans même songer à récupérer sa serviette. À peine s'il a eu le temps d'apercevoir la silhouette de son sauveur. C'est Abou.

L'alerte est rapidement donnée. Quatre surveillants investissent les douches, une matraque à la main.

Yan s'habille, encore mouillé. Il s'y reprend à plusieurs fois pour enfiler son pantalon. Il tremble de partout.

Puis il s'effondre et éclate en sanglots.

34

Maison d'arrêt
Jeudi 18 décembre,
9 h 30

— 7 216, cabine 11.

Maître Boulanger a l'air embarrassé. Yan se demande pourquoi. A-t-il de mauvaises nouvelles à lui annoncer ?

— Je sais ce qui s'est passé, hier. Vous avez été témoin d'une bagarre dans les douches. Est-ce que ça va ?

Bien sûr que ça ne va pas ! La prison est une jungle où seuls les plus forts survivent. Or, Yan ne fait pas partie des plus forts.

— J'ai appris par hasard que l'un de vos codétenus était impliqué dans cette bagarre qui a mal tourné. Il en serait même l'instigateur.

L'instigateur ? Non. C'est le Fouineur qui, à distance, tire les ficelles. Il tient sa vengeance, bien mieux que si son homme de main avait été jusqu'au bout avec Yan. Il s'est vengé d'Abou en même temps. L'ordure !

Des envies de meurtre, les détenus en ont tous les jours. Yan en a, lui aussi.

— Il a massacré un type. Il a failli le tuer. Personne ne sait pourquoi. Vous n'êtes pas près de le revoir. La commission de discipline s'est réunie en urgence, hier soir. Il a écopé de quarante-cinq jours de mitard. Le maximum ! Quand il sortira, il ne sera pas beau à voir. Sans compter que son dossier s'alourdit considérablement. Vous savez pourquoi il a été incarcéré, au départ ?

Non. Abou ne lui a rien dit de son affaire. Il le connaît à peine, au fond.

— À la suite d'un divorce qui s'est mal passé, il a enlevé ses enfants. Ils ont vécu cachés pendant six mois avant d'être dénoncés par des voisins qui trouvaient leur comportement bizarre. La mère a porté plainte et son ex-mari s'est retrouvé derrière les barreaux. Ce qu'il a fait n'était pas bien. Pourtant, je le comprends…

On ne connaît jamais assez les personnes qui croisent notre vie et qui la marquent à jamais. On se contente souvent des apparences. Voilà ce que Yan a appris. Il vient d'avoir dix-huit ans. C'était il y a une éternité.

— Il ne va pas serrer ses enfants dans ses bras de sitôt. Mais ce n'est pas ce qui m'amène ici aujourd'hui. Nous allons peut-être pouvoir bénéficier d'un témoignage qui, en apparence, ne mange pas de pain. Pourtant, il est bigrement intéressant pour moi et pour vous. Un voisin de la famille Herdier confirme que Déborah a crié alors qu'elle prétend être restée sans réaction, tétanisée. Mais là n'est pas le plus important. Le voisin affirme avoir très clairement entendu les mots suivants : « Non, papa ! Ne fais pas ça ! Papa, non ! » Ça contredit la thèse selon laquelle vous auriez prémédité votre geste. Il semblerait qu'il vous ait agressé avant, ce qui nous ouvre en grand les portes de la légitime défense. Bien entendu, Déborah Herdier nie avoir dit quoi que ce soit. C'est sa parole contre celle du témoin. La déposition de votre ancienne petite amie commence à craquer de partout. J'espère que la juge en tiendra compte. Elle ne nous est pas très favorable. Votre Déborah lui a fait forte impression. Je ne m'explique pas pourquoi. Je sais qu'elle a eu des problèmes avec sa fille qui a le même âge... Mais je m'égare.

« Non, papa ! Ne fais pas ça ! Papa, non ! ». Ces quelques mots anodins sont gravés dans la mémoire de Yan. Tout a commencé comme d'habitude. Marcel Herdier est descendu de sa chambre, ivre mort, juste au moment où Yan et Déborah s'apprêtaient à sortir, un casque de moto à la main. Il a arraché le casque de sa fille en lui disant qu'elle restait là et qu'il ne voulait plus qu'elle fréquente Yan. Elle a refusé. Il l'a traitée de traînée, de pute, de salope… Yan, bien sûr, n'a pas pu se taire.

Ensuite… Allez directement en prison, ne passez pas par la case départ.

Tout va si vite, parfois.

— Nous aurons très bientôt une nouvelle audience avec la juge. J'espère qu'elle acceptera de requalifier les faits. « Homicide involontaire » nous irait à merveille ! Je vous laisse. J'ai rendez-vous avec un autre juge dans une affaire où je suis le plaignant. Mais c'est une autre histoire… Oui, une sale autre histoire.

35
Cellule de crise

Yan remonte le couloir des parloirs. Clac-clac ! Première porte. Le surveillant qui l'accompagne n'est pas comme d'habitude. Le regard fuyant, il ne lui adresse pas le plus petit mot. C'est pourtant un méridional qui a toujours les cordes vocales en mouvement. Il parle, chantonne ou sifflote. Mais là, rien.

Yan ne prête pas attention à son silence. Le silence, il connaît. Le sien ou celui des autres, quelle différence ?

Il pense à maître Boulanger. Se pourrait-il qu'il disparaisse avec son fils ou sa fille pour vivre dans la clandestinité ? Se pourrait-il qu'il enlève son propre enfant, devenu enjeu de chantage, de rancœur, de vengeance ? Yan ne veut pas changer d'avocat. Maître Boulanger, c'est du bon pain.

Une autre porte. Clac-clac ! Le second surveillant qui les laisse passer, gros trousseau de clefs à la ceinture, a les mains qui tremblent. Un visage rougeaud et franc. Mais là, il détourne la tête et n'a pas un regard pour le détenu qui rentre du parloir.

Yan sent une boule se former dans son ventre. Les bruits ambiants sont atténués comme si une chape de coton s'était abattue sur la maison d'arrêt. Il y règne un calme étrange et angoissant.

Devant la cellule 235, dont la porte est entrouverte, le gardien ne s'arrête pas. Yan l'interroge d'un froncement des sourcils. Le gardien tend le doigt vers le bout du couloir. Yan fait « non » de la tête. Il refuse de s'y rendre. Il veut rentrer dans sa cellule, son chez-soi.

Échappant à la vigilance du surveillant qui marche, raide, sans regarder en arrière, Yan revient sur ses pas, tire la porte de la cellule 235 et se fige.

Le Doc est allongé par terre, une corde autour du cou. Il dort. Le directeur de la maison d'arrêt est là avec deux gardiens, l'infirmière et le docteur Denant.

— Circulez ! tonne le directeur en fusillant Yan du regard. Vous voyez bien qu'il n'y a plus rien à voir !

Gêné, un surveillant lui dit :

— C'est le 7 216, monsieur le directeur.

— Ah ? Bien. Emmenez-le en promenade en attendant qu'on lui rende sa cellule. Nous ne sommes pas encore prêts.

Yan se laisse emmener sans résister. Il n'en croit pas ses yeux. Il n'en croit pas son cœur. Il n'y a plus de cellule 235. Tout a volé en éclats.

Dans la cour, il marche, les mains dans les poches, des poches sous les yeux, les yeux dans le vague, le vague à l'âme.

Il maudit la lettre *M* à chacun de ses pas. Le *M* de Mitard. Le *M* de Mort. Le *M* de… Meurtrier. Il vomit la lettre *M*. Le *M* de Maman, de Misère Morale, de Maison d'arrêt.

Yan a toujours été très fort au petit bac, mais il n'a plus envie de jouer.

36

Dernière ligne droite avant la cour d'assises

Cette fois, la magistrate le reçoit dès son arrivée au palais de justice. Pas d'attente sur le dur banc de bois. Et pas d'avocat non plus.

— Bonjour, monsieur F. On m'a dit que vous avez eu des petits soucis à la maison d'arrêt ces derniers temps. Vous m'en voyez désolée.

Yan regarde la juge, impassible. Compassion ? Ironie ? Il hésite encore…

— Une fois de plus, maître Boulanger est en retard. J'ai une journée très chargée, je ne peux pas l'attendre.

Elle feuillette un épais dossier posé devant elle. Son bureau est si encombré qu'il en paraît minuscule.

— J'ai lu avec une extrême attention les documents fournis par votre avocat qui me demande de requalifier votre mise en examen. Hélas, c'est impossible. Je veux bien admettre que M. Herdier ait été un ivrogne notoire. L'enquête de voisinage va dans ce sens. Mais le témoin que maître Boulanger sort de son chapeau de magicien est à peu près du même acabit. Comment accorder un crédit quelconque au témoignage d'une personne saoule du matin au soir ? Je refuserai de l'entendre. Le procureur de la République se ferait un malin plaisir de le tailler en pièces. Votre avocat ne sait pas encore qu'une cour d'assises ressemble à une arène. Il y a des lions, des tigres, des fauves…

Yan écoute. Il n'a pas besoin de témoin, lui. Il sait exactement ce qui s'est passé. Marcel Herdier était un salaud. Mais Yan sait qu'en France on n'a pas plus le droit de tuer un salaud qu'un passant pris au hasard dans la rue.

Interrogées par la gendarmerie, les personnes de son entourage ont juré que Yan était incapable de faire le moindre mal à une mouche. Et elles avaient raison. Mais le père de Déborah n'était pas une mouche. Yan savait désormais que, dans certaines circonstances, les individus les plus doux pouvaient sortir de leurs gonds et commettre des actes réprimés par la loi.

— Quant à la légitime défense, poursuit la juge, permettez-moi de ne pas m'y attarder.

Maître Boulanger oublie le témoignage accablant de Déborah Herdier.

— Elle ment ! crie l'avocat, tenant encore la porte qu'il vient d'ouvrir en grand.

Il est entré sans frapper, en sueur, la robe ouverte, débraillé et échevelé.

— Un peu de tenue, maître Boulanger, je vous prie, le rappelle à l'ordre la magistrate. Votre entrée est certes théâtrale, mais nous ne sommes pas encore aux assises !

— Elle ment de *A* à *Z* !

— Expliquez-vous, maître ! Ce sont là de graves accusations. J'espère qu'elles ne sont pas gratuites.

L'avocat vient prendre place à côté de son client. Il est essoufflé. Il a couru.

— Saviez-vous que mademoiselle Herdier avait été internée dans un asile psychiatrique ?

— Ce n'est pas un scoop, maître Boulanger. Elle me l'a avoué elle-même. Elle a fait un court séjour en hôpital psychiatrique, l'année dernière, pour y soigner une grave dépression.

— Et, selon vous, ça ne remet pas en cause son témoignage ?

— Pas du tout. Le psychiatre qui l'a suivie pendant son hospitalisation nous a assuré qu'elle était guérie et qu'elle ne souffrait plus d'aucun trouble suicidaire. Si je puis me permettre, votre entrée fracassante vous donne l'air beaucoup plus fou qu'elle. C'est une jeune personne éprouvée par un drame terrible. Or, je l'ai trouvée posée et consciente des accusations qu'elle portait contre votre client. Elle a d'ailleurs eu du mal à les formuler en raison des relations particulières qu'elle entretenait avec lui. Elle s'est montrée très courageuse depuis le début de cette affaire.

— De complice, elle devient témoin. De coupable, elle devient victime. C'est le monde à l'envers, madame le juge !

— Cela suffit, maître !

— Non, cela ne suffit pas ! Je vous trouve bien indulgente avec mademoiselle Herdier. Auriez-vous une fille de son âge en proie à des tendances suicidaires ?

La magistrate se lève, le menton tremblant.

— Je vous interdis d'insinuer quoi que ce soit à propos de ma fille ! Ce qui m'empêche de requalifier l'acte d'accusation que je suis en train de préparer repose sur deux points objectifs et nullement contestables. Premièrement, votre client s'est lui-même constitué prisonnier en avouant le crime. Deuxièmement, son comportement n'est pas celui d'un innocent. Son silence confirme ses aveux. S'il avait quelque chose à défendre, il parlerait !

Malmené, l'avocat cherche ses mots. Il ne s'attendait pas à une riposte aussi cinglante.

— Vous devriez soumettre Déborah Herdier à une expertise psychiatrique. Elle joue un double jeu.

— C'est inutile. J'y ai songé pour votre client, mais, sans aucune collaboration de sa part, une telle expertise se révèle impossible. Pour moi, cette affaire est réglée.

— Vous voulez dire que vous n'allez pas ordonner une reconstitution ?

— À quoi bon torturer davantage mademoiselle Herdier ? Nous avons des aveux. À ma connaissance, votre client ne s'est jamais rétracté.

Maître Boulanger se frotte les yeux, abasourdi. Le désarroi se lit sur son visage. Il a tiré ses dernières cartouches.

Yan regarde la juge se rasseoir. Elle a l'air bouleversée. Il est le seul à avoir gardé son calme. C'est normal, il n'est pas vraiment là. Cette affaire ne le concerne plus. Elle sera bientôt jugée. Yan sait qu'il doit payer.

L'image du Doc flotte dans ses pensées. Il a rejoint sa femme. Il est libre.

Yan se lève, passe devant les gendarmes et sort sans que personne ne réagisse. Il a hâte de rejoindre la cellule 235 pour y attendre Abou. Il a une dette envers lui. Il doit le remercier. Et le réconforter.

37
Le verdict

Le procès s'est tenu quelques mois plus tard. La préméditation n'a finalement pas été retenue contre Yan.

Unanime, le jury populaire l'a condamné à dix ans de prison. Yan n'a pas bronché.

Déborah a éclaté en sanglots.

La mère de Yan a hurlé que son fils était innocent, qu'il s'agissait d'une parodie de justice et qu'elle allait écrire au président de la République.

Laure n'a rien dit. Son regard a croisé celui de son frère qui était vide. Elle s'est levée, très digne, et a quitté la salle d'audience.

Maître Boulanger est resté assis. Longtemps. Il ne s'est levé qu'une fois seul. Il a rassemblé ses dossiers et s'est dirigé vers la petite porte empruntée par l'accusé. Non, par le condamné…

Avant de sortir, il s'est retourné et a crié :

— Merde !

Il n'avait pas non plus réussi à obtenir la garde de son fils. Il songeait sérieusement à changer de métier.

38

Centre de détention
Lundi 31 mai, 10 h 30

— Yan F., cabine A !

Yan est un peu perdu. C'est son premier parloir depuis qu'il a été transféré en centre de détention. Il n'a pas encore pris ses repères.

Le visage radieux de sa sœur l'éblouit, lui procurant les mêmes sensations qu'un rayon de soleil.

— Pardonne-moi de ne pas être venue plus tôt, mais l'éloignement rend les choses plus compliquées pour moi. J'espère que ton déménagement n'a pas été trop éprouvant.

Yan hausse les épaules et esquisse l'ombre d'un sourire. Aucun détenu n'aime parler de sa vie quotidienne à ses proches. Les mots sont vides. Personne ne peut les comprendre.

— Maman ne viendra pas te voir. Tu sais bien que l'idée de voyager la plonge dans une panique monstrueuse. Mais je pense qu'elle va t'écrire. Enfin, c'est ce qu'elle m'a dit.

Yan fronce les sourcils.

— Oui, je l'ai revue. J'ai fait cet effort, un peu pour toi d'ailleurs. Mais je la supporte toujours aussi mal. Ses jérémiades me donnent le cafard. Dix ans, c'est long. Elle a raison, bien sûr. C'est même très long. Mais il faut garder espoir. J'ai rencontré ton avocat. Nous avons fait appel. Seulement, il va falloir apporter des faits nouveaux pour faire pencher la balance de notre côté.

Laure s'empare soudain des bras de son frère et les enroule autour de son cou. Puis elle glisse ses propres mains dans son dos et le serre aussi fort qu'elle peut.

— Comme tu me manques, petit frère ! Quand j'ai entendu le verdict, j'ai cru que mon cœur s'arrêtait de battre.

Les joues de Yan rosissent. L'émotion est trop forte. Il se met à pleurer comme un bébé.

Laure l'embrasse sur le front, incapable de prononcer un mot de plus. Le frère et la sœur restent longtemps ainsi, peau contre peau.

Jusqu'à ce que le surveillant leur annonce la fin du parloir. Alors Yan se penche et retire de sa chaussette un papier plié en tout petit. Laure le déplie et reste interdite.

Elle contemple un dessin d'enfant. Trois personnages sont représentés. L'un est couché ; du feutre rouge semble s'écouler de son corps. Les deux autres sont debout : un garçon et une fille. Le garçon tend ses bras vers la fille qui tient, à deux mains, un objet qui ressemble à un couteau.

Lorsque Laure relève les yeux, Yan n'est plus là.

— Mais… mais…

— C'est fini, ma p'tite dame, lui dit gentiment le surveillant. Il faut partir, maintenant.

Elle replie le dessin et le fourre dans la poche de son pantalon avant de se retourner comme un robot.

— J'arrive…

39
Appel

Laure sort en larmes de la centrale. La porte métallique se referme derrière elle avec des tremblements dans toute sa structure.

La jeune femme fait quelques pas sur le trottoir, se tamponne les yeux avec un mouchoir, se mouche. Elle n'a jamais été aussi heureuse de sa vie.

Une fois son mouchoir rangé dans son sac, elle ouvre le capot de son téléphone portable, cherche un numéro dans la liste de ses contacts et le compose.

— Allô, oui ?

— Maître Boulanger ?

— Lui-même. À qui ai-je l'honneur ?

La jeune femme hésite puis se lance :

— Je suis Laure, la sœur de Yan. J'ai quelque chose à vous montrer.

L'éditeur tient à remercier pour sa gentillesse Maître Alice Dinovetski-Gravet qui a bien voulu relire ce texte tout en respectant les licences que l'auteur a souhaité prendre avec la procédure.